Autopsie du contemporain

Couverture : Éliette Abécassis
photo © Gérard Harten

www.editions-hermann.fr

ISBN : 9791037039569

Éliette Abécassis

AUTOPSIE DU CONTEMPORAIN

Des raisons d'espérer

hermann
Depuis 1876

Préface
Le monde d'aujourd'hui

« Quelles que soient nos divergences d'opinions, il est un fait sur lequel nous sommes à ce jour tous d'accord, d'un bout à l'autre de la planète : notre monde se trouve aujourd'hui dans un état anormal, il traverse une grave crise morale. Lorsqu'on regarde l'Europe en particulier, on a nécessairement le sentiment que tous les peuples et toutes les nations vivent aujourd'hui dans un état de nervosité maladif : la plus petite occasion suffit à susciter une énorme excitation. On ajoute plus facilement foi à de mauvaises nouvelles qu'à des informations réjouissantes. Les individus, mais aussi les races, les classes et les États semblent davantage enclins à se haïr les uns les autres qu'à se comprendre. »

Ces lignes, d'une étonnante actualité, pourraient avoir été rédigées en 2024 par un journaliste ou un écrivain. Elles ont été écrites dans les années 1930 par Stefan Zweig.

Publiées dans un recueil de textes inédits réunis sous le titre *Le Monde de demain*[1], elles révèlent le regard visionnaire que le grand auteur porte sur son temps. Zweig anticipe les tendances. Il évoque par exemple la fin de la lecture, ou les menaces que les technologies faisaient déjà peser sur sa société ; il évoque des auteurs contemporains qu'il admirait et que nous aimons toujours – Proust, Romain Rolland ou Rilke – ; mais, surtout, il décrit son inquiétude face à la montée du fascisme (qui va de pair avec la désillusion et la peur du lendemain, sa volonté de fuir, de s'échapper, puisqu'il n'a plus rien à faire dans cette Europe maudite et pourtant adorée). Par la magie de l'écriture, ce génie de délicatesse, de clairvoyance et de raffinement, semble revenir du Brésil (ce pays où il a choisi de se suicider en compagnie de sa femme Lotte) pour nous parler, d'outre-tombe, de nous, de notre époque, de ce qui nous guette et nous ravage.

Lorsqu'il regrette que l'on n'écrive plus de lettres, préférant le téléphone ; lorsqu'il craint la disparition des livres face à la montée de la technologie ; lorsqu'il relève l'irrésistible ascension du fascisme, de l'antisémitisme, du totalitarisme ; lorsqu'il rappelle les accomplissements

---

1. Zweig Stefan, *Le Monde de demain*, textes réunis par Stéphane Barsacq, Les Belles Lettres, 2023.

des Juifs et leur contribution à la culture mondiale... Comme il est vivant ! Le voilà, de nouveau vêtu de sa chemise et de son costume de lin beige, qui me salue et me parle comme à une sœur, de tout ce qui m'intéresse, de cette époque qui est la sienne, qui est la mienne. Il me captive, me console et m'apaise. Il m'élève l'âme et le cœur. Il déplore ce qui se trame, il implore, il colore le monde de son regard subtil et de son aristocratie intellectuelle, à l'instar de Marcel Proust dont il parle si bien – si bien qu'il parle de lui. Comme l'auteur d'*À la recherche du temps perdu*, le romancier du *Monde d'hier* a développé une si riche vie intérieure, et une si vive capacité d'observation et d'interprétation des moindres détails de la société, qu'il est devenu, mieux qu'un poète, un véritable mage capable d'entrevoir l'avenir de l'Occident. Comme Proust, Zweig sut faire de sa vie une œuvre, et une œuvre de sa vie, afin de nous transmettre quelque chose d'important, d'essentiel et de profondément spirituel – tout comme les prophètes de la Bible, ici célébrés par un éloge du livre et de la pensée.

> « Au commencement était le Verbe. La Bible, le Livre des livres, commence par cette consécration au Logos, à la pensée et à la pure joie de penser. Pour d'autres peuples, les images et les temples sont devenus les symboles de la religion : mais

la foi juive n'avait pas d'autre sanctuaire que la Parole, les Commandements, les Écritures et enfin le Livre. »

Le monde d'aujourd'hui n'est pas différent du monde d'hier, décrit dans *Le Monde de demain*. Ce sont ces lettres que nous n'écrivons plus, ces lettres que nous perdons toujours un peu plus chaque jour. Le contemporain qui est le nôtre se tramait déjà dans l'entre-deux-guerres. Les tendances s'accentuent, la menace grandit.

Cette menace, nous la sentons monter comme un vent mauvais, quelque chose de pourri au royaume, et qui nous mine, jour après jour, heure après heure, qui pèse sur notre moral et sur nos vies, qu'elles rendent difficiles, angoissantes – « malaisantes », comme le disent nos adolescents qui font face à un avenir de plus en plus glaçant.

Un grand malaise, en effet, plane sur notre civilisation, de nouveau, ou plus que jamais. Et il est impossible de ne pas le ressentir au quotidien tant nos vies en sont marquées, tant les informations sont effarantes, tant on dit tout et n'importe quoi. Et l'on ne distingue plus rien du vrai ni du faux : ce réel qui est devenu le nôtre ressemble à un engrenage infernal dont on ne voit pas l'issue, à un labyrinthe qui débouche de toutes parts sur le Minotaure terrifiant du terrorisme de masse.

Pourquoi est-ce redevenu si difficile, de vivre ensemble ? Et que s'est-il passé en si peu de temps pour que les « gens » deviennent aussi haineux partout dans le monde, jusque dans les sociétés démocratiques, déstabilisées par les conflits au Moyen-Orient, par la guerre initiée par le Hamas, allié de la Russie et de l'Iran, pour parvenir à fracasser les fondements qui nous ont portés, peu ou prou, depuis la Révolution ? Quel est donc ce piège dans lequel nous sommes tombés sans nous méfier, relayé, amplifié, et parfois créé par le monde numérique ?

Dans un livre remarquable et nécessaire pour comprendre notre déroutante époque, *La Nouvelle Causalité diabolique*[2], la philosophe Perrine Simon-Nahum répond à ces questions qui nous taraudent : elle montre que les idéologies « *woke* », et autres récits identitaires, font le lit des clivages irrémédiables dans les sociétés contemporaines, qui aboutissent à créer des tensions, voire des guerres, à force de radicaliser chaque groupe et de le figer dans son identité.

> « Les courants qui se réclament des pensées de l'identité affichent un agenda précis : se défaire des démocraties et détrôner l'ordre démocratique

2. Simon-Nahum Perrine, *La Nouvelle Causalité diabolique*, L'Observatoire, 2024.

occidental, considéré comme patriarcal et raciste par essence. »

D'où la culture de l'effacement et de « l'éveil » fondé sur la prise de conscience d'appartenir à une population ostracisée, qui doit faire valoir ses droits face à un autre groupe identifié comme l'ennemi. Selon la philosophe, cette ère du post-marxisme « s'est appuyée à la fois sur la critique de la race et de l'ethnicité pour promouvoir la victoire d'un prolétariat qui a changé de nature ». Et le combat politique s'étant vidé de toute substance, il se remplit entièrement et pleinement de l'antisionisme radical, au nom de l'antiracisme. L'antisémitisme se retrouve ainsi à canaliser, à focaliser, à rassembler, en somme, toutes les haines, pour les réunir sous une même bannière synthétique : Israël. L'antisémitisme est le symptôme inquiétant et structurel de la remise en cause de nos démocraties.

Mais que faire ?

La culture s'efface de plus en plus au profit du mensonge, de la fausseté, de la « post-vérité », de la simplification et de l'impossible dissociation du vrai et du faux. Tel est l'apanage du contemporain. Un contemporain qui semble vouloir inhumer les fondements d'une civilisation humaniste, qui plaçait l'accomplissement d'une humanité une et indivisible au cœur de ses valeurs. Un contemporain qui nous pousse à faire l'autopsie anticipée de notre monde d'hier.

La fin de la civilisation européenne est-elle en train de se tramer, à travers cette nouvelle radicalisation de la pensée qui va de pair avec la montée de la haine ? Qui appelle à une sortie progressive de la démocratie telle que nous l'avions imaginée, donc de l'État de droit. C'est la montée du fascisme, d'un totalitarisme barbare et misogyne, qui se cache aujourd'hui sous le masque macabre des mollahs. Et lorsque l'antisémitisme se met à flamber dans une société, ce n'est jamais une bonne nouvelle ; c'est le symptôme d'une maladie endémique, profonde et atroce. Le malaise devient un drame dans une civilisation qui s'éteint, et peut-être, cette fois, à tout jamais.

Le monde d'aujourd'hui inquiète, défie les consciences, de moins en moins nombreuses.

À travers l'histoire, si toutes les époques ont connu des conflits intergénérationnels, peu ont subi des écarts culturels entre les générations aussi profonds que les nôtres. Ma génération, qui n'a pas été affublée d'un pseudonyme (comme les « milleniums », les « X » ou les « Y »), se vit souvent en décalage avec les *digital natives* qui *swipent*, *likent* et *postent* depuis leur plus jeune âge. Les émoticônes remplacent les lettres, les images, les textes – et cet univers virtuel émergent incite à un consumérisme numérique qui forge une humanité nouvelle qui, qu'elle soit transhumaniste ou posthumaniste, semble devoir être soumise à l'intelligence artificielle, au *big data* et à la loi des masses influencées par les GAFAM.

Pour sauver les humanités, et donc l'humanité, et pour se tourner vers l'avenir sans effacer le passé, je pense plus que jamais à la transmission, fondamentale à notre époque où elle se fait constamment de façon horizontale, à travers les réseaux. Je plaide pour une transmission verticale, de génération en génération, à travers les maîtres et les livres. Mais la littérature peut-elle encore suffire pour permettre la transmission, par la lecture et l'écriture, les valeurs des Écritures – ces textes qui déjà font partie d'une autre histoire ?

Ma méthode ici sera de cartographier les points de fractures, afin de procéder à une véritable anatomie, au sens clinique du terme. Cette approche explique que j'ai choisi d'adopter une écriture fragmentaire, loin de la forme discursive traditionnelle de l'essai, mais à partir de l'observation subjective et suggestive, afin de décrire un aspect de ce contemporain qui nous pèse, et révéler la manière dont notre vie s'en trouve affectée, au quotidien et au plus profond de notre intimité.

Car c'est là, dans le quotidien, que j'éprouve les grandes ruptures. Et l'on peut y ressentir, et parfois pressentir, l'avenir qui nous guette et nous menace.

Le Smartphone est le nouveau messie. Un messie technologique, qui incarne une nouvelle forme de transcendance. Reliant l'espace et le temps, il est notre partenaire à toute épreuve, l'objet que nous emportons partout et tout le temps, celui que nous redoutons de perdre ou d'oublier, celui dont il nous est le plus difficile de nous séparer. Pourquoi ? Sans doute parce que ce téléphone intelligent constitue aujourd'hui la principale interface entre le monde et nous – ce qui explique notre dépendance à son égard.

Irrépressible, cette addiction collective est fondée sur un mécanisme de croyances qui ancre nos sentiments, nos pensées et nos comportements : tout le monde a foi dans le dieu Apple, dont on raconte sans cesse la saga à travers les discours prophétiques du grand prêtre, Steve Jobs, le manitou des temps modernes, l'inventeur de l'iPhone qui a révolutionné l'accès mobile à Internet et a fait d'Apple la marque dont la capitalisation boursière est l'une des plus élevées au monde (avec plus de mille milliards de dollars fin 2018). Google, l'oracle, livre les réponses à toutes les questions. Quelle est la capitale du Burkina Faso ? Combien de pays dans le monde ? Combien de temps pour aller sur Mars ? Quelle est la meilleure banque en ligne ? Quelle est la recette du bœuf bourguignon ? Son hégémonie n'est plus à démontrer. Google, plus que l'institution des hiérarchies des sites et donc des savoirs, est aussi un outil idéologique puissant au service du transhumanisme.

Le déclin des religions a laissé place à une autre religion totalitaire, celle de Google, qui a envahi les esprits, tout comme le règne de l'Église au Moyen Âge ou des dieux en Grèce antique. C'est en effet un processus proprement religieux que celui du technocapitalisme, si l'on définit la religion comme « ce qui soustrait les choses, les lieux, les animaux ou les personnes à l'usage commun pour les transférer au sein d'une sphère séparée[3] ». La servitude volontaire

---

3. Agamben Giorgio, « Théorie des dispositifs », in *Poésie*, Belin, 2006 : « On peut définir la religion dans cette perspective comme ce qui soustrait les choses, les lieux, les animaux ou les personnes à l'usage commun pour les transférer au sein d'une sphère séparée. Non seulement il n'est pas de religion sans séparation, mais toute séparation contient ou conserve par-devers soi un noyau authentiquement religieux. Le dispositif qui met en œuvre et qui règle la séparation est le sacrifice : ce dernier marque dans chaque cas le passage du profane au sacré, de la sphère des hommes à la sphère des dieux, à travers une série de rituels minutieux qui varient en fonction de la diversité des cultures et dont

s'est mise en place : nous sommes aliénés et heureux de l'être. Si l'on nous enlevait nos chaînes, nous serions fous de rage. Si l'on nous libérait, nous nous révolterions. Si l'on nous forçait à être libres, nous aurions mal aux yeux, comme dans le mythe de la caverne où les individus enchaînés aux parois contemplent les ombres des simulacres. Lorsque le philosophe parvient, par la maïeutique, à les emmener vers le vrai, le beau ou le bien, ils se soulèvent : la lumière qu'ils n'ont jamais vue les éblouit. Face à cette souffrance, ils préfèrent rester abrutis, cloîtrés dans le monde des apparences, qui, paradoxalement, les rend heureux.

Google : un nom proche de celui du Golem, une créature d'argile inventée au XVIe siècle par le Maharal de Prague, un talmudiste et scientifique, qui, dit-on, avait créé cette « machine » d'une force surhumaine – qu'il pensait parfaitement contrôler, mais qui finit par se retourner contre lui – afin de défendre les Juifs, victimes des pogroms. Selon la légende, il advint que

---

Hubert et Mauss ont fait l'inventaire. La césure qui sépare les deux sphères est essentielle, comme l'est ce seuil que la victime doit passer dans un sens ou dans l'autre. Ce qui a été séparé par le rite, peut être restitué par le rite à la sphère profane. La profanation est le contre-dispositif qui restitue à l'usage commun ce que le sacrifice avait séparé et divisé. »

Perl, l'épouse du Maharal, profitant d'un moment d'inattention de son mari, voulut utiliser le Golem pour l'aider dans ses tâches ménagères. C'est alors qu'il devint comme fou, au point de tout détruire dans la maison. Avec le temps, la créature devint de plus en plus intelligente, jusqu'à être autonome et à se retourner contre son propre inventeur, qui n'eut alors plus d'autre choix que de le « débrancher » et de le faire retourner à son état premier : la matière inerte.

Le Golem est le mythe fondateur de notre époque. C'est l'ancêtre de superhéros – Superman, X-Men, Frankenstein et toutes ces créatures qui illustrent la relation entre l'homme et la machine. Cette dernière, créée par l'homme, finit par le rendre esclave. Le mythe du Golem est en cela éminemment pertinent aujourd'hui, bien plus qu'au temps des automates de la Renaissance où il fut créé, et où, déjà, l'on en avait perçu le danger.

Nous avons créé nos maîtres en inventant nos esclaves.

Le matin, mon premier geste est d'allumer mon portable. Le soir, avant de dormir, *idem*. Comme si j'allais y découvrir quelque chose de nouveau, un message essentiel, ou une nouvelle que je n'avais pas eue et sans laquelle je ne pourrais pas dormir, ou prendre un café. Est-ce bien raisonnable ? Nous vivons une époque où la technologie est en train de nous déposséder de nos vies. Elle s'immisce dans tous les instants de notre quotidien, dans notre intimité, au point que le premier et le dernier geste de la journée consistent à consulter notre téléphone.

Cette addiction individuelle s'entretient aussi de façon collective depuis l'avènement des réseaux sociaux. Sans cesse interrompue, notre attention peine à se fixer plusieurs heures sur une tâche. La machine prend le contrôle de nos esprits à grand renfort d'applications, de mises à jour et de notifications. Notre esprit est modelé dans ses goûts, ses volontés et ses velléités, capté et captif d'une toile toujours plus ciblée sur nos personnes.

Comme le Golem, la machine a le pouvoir de se retourner contre nous. Une lutte active s'engage entre les deux entités, pour que l'homme la surplombe ; mais c'est elle qui domine, en réalité, exerce une surveillance constante et effectue une collecte de données efficace pour nourrir son dessein véritable : les *data*. Le vrai pouvoir, celui qui règne sur les esprits et les cœurs, est le trio Facebook-Instagram-Snapchat.

Comme le montre le philosophe Giorgio Agamben, le pouvoir contemporain intervient dans la vie des individus à travers la technologie :

> « Nos sociétés modernes, qui se prétendent laïques, sont au contraire gouvernées par des concepts théologiques sécularisés qui agissent avec d'autant plus de puissance qu'ils ne sont pas conscients. »

Dans *Qu'est-ce qu'un dispositif?*, Agamben, à partir de la réflexion de Michel Foucault sur le pouvoir et la société, pose la définition suivante :

> « J'appelle "dispositif" tout ce qui a, d'une manière ou d'une autre, la capacité de capturer, d'orienter, de déterminer, d'intercepter, de modeler, de contrôler et d'assurer les gestes, les conduites, les opinions et les discours des êtres vivants. Pas seulement les prisons donc, les asiles, le panoptique, les écoles, la confession, les usines, les disciplines, les mesures juridiques, dont l'articulation avec le pouvoir est en ce sens évidente, mais aussi, le stylo, l'écriture, la littérature, la philosophie, l'agriculture, la cigarette, les téléphones portables et pourquoi pas, le langage lui-même, peut-être le plus ancien dispositif dans lequel plusieurs milliers d'années déjà, un primate, probablement incapable de se rendre compte des conséquences qui l'attendaient, eut l'inconscience de se faire prendre[4]. »

---

4. Agamben Giorgio, *Qu'est-ce qu'un dispositif?*, Rivages, 2007.

En ce sens, le dispositif est politique, et c'est lui qui dispose de nous en tant qu'il est un instrument de pouvoir. Or, pour Giorgio Agamben, le capitalisme est un gigantesque déploiement de dispositifs.

Aujourd'hui, il n'y a pas un seul instant de notre vie qui ne soit inspecté *via* nos portables : notre consommation, nos sentiments, nos relations à l'autre, notre domotique. De l'espace professionnel, politique et social jusqu'au plus intime, tout est traçable, analysable, traductible en *data*. Tout est sous contrôle.

Je me suis réveillée. J'ai pris mon téléphone pour consulter mes notifications. Il y avait Twitter (qu'il faut à présent nommer X), Instagram, les journaux auxquels je suis abonnée, les appels manqués, les messages de la nuit, sur Imesssage et sur WhatsApp. Sur Twitter, les 1 500 abonnements étalèrent une avalanche de nouvelles concernant l'actualité, les parutions de livres, les prix littéraires, les nouvelles du monde de l'édition, la dernière intervention du président concernant… Je n'ai pas bien compris le sujet. Sur Instagram, des recettes végétariennes, des tutoriels de maquillage, des ambiances cosy de salon, de chambre à coucher, de nouveaux meubles dans les brocantes, des soldes sur Bash, Sandro, Maje et Rouje, des *reels* de stars, d'influenceuses, les *stories* des enfants de

Chiara Ferragni – l'influenceuse aux 25 millions d'abonnés, qui a un petit garçon joufflu appelé Leone et une adorable petite Vittoria d'un an, exhibée en train de manger, de prendre son bain, de faire ses premiers pas.

Puis je me suis mise au travail jusqu'à midi – non sans être repassée rapidement sur Twitter pour m'apercevoir que « Les juifs, on n'en veut pas dans les lycées » ; que chez Abeille Assurance, on avait une ambition, « Assurer votre avenir » ; que l'Assemblée adoptait un amendement contre l'avis du Gouvernement ; que le général de Gaulle avait répondu lors d'une réunion politique du RPF où l'on clamait « Mort aux cons » : « Vaste programme » ; que la carrière d'un acteur de cinéma serait saluée lors de la prochaine cérémonie des césars ; que deux oursons et leur mère faisaient le plein de myrtilles dans les Pyrénées... Je déjeune avec une amie, puis je me remets au travail, un œil sur les notifications – on ne sait jamais ! YouTube me propose des tubes des années 90, Netflix a mis en ligne la nouvelle série coréenne dont me parle mon amie, une histoire d'amour entre une Sud-Coréenne et un Nord-Coréen, mais recommande aussi le visionnage en replay d'un documentaire sur les femmes et le sport. Finalement, plutôt que de travailler, je décide de regarder ces deux programmes en même temps, l'un sur mon Iphone, l'autre sur mon Macbook, tout en regardant, en image incrustée, le nouveau clip de Julien Doré.

C'est déjà le soir, et il est temps de faire à manger pour les enfants, à partir des recettes glanées sur le flux Instagram – notamment celle de la sauce fêta-tomates-origan à mettre au four. Le soir, je m'endors après avoir consulté une dernière fois Twitter, qui m'annonce que la tournée française d'un compositeur japonais a connu un grand succès, que les femmes iraniennes poursuivent leur révolte en dépit de la sévère répression du régime. Je me demande pourquoi je n'avais pas vu cela plus tôt : je me dis que j'ai probablement dû le rater dans le flux continu des notifications. Cette information s'était sans doute perdue quelque part entre les soldes chez Sarenza et l'ouverture d'un nouvel espace beauté Carita à Paris, où étaient présentes de nombreuses stars. Mais aucune d'entre elles ne songe au drame des femmes iraniennes.

Je sursaute, j'entends un énorme bruit dans la rue, comme une gigantesque explosion. Mais qu'est-ce que c'est ? Twitter n'indique rien, Instagram non plus. Petite recherche Google : « Paris, explosion »…

À partir d'un téléphone portable, elles font les courses, rédigent leurs mails, paient leurs factures, font leur comptabilité tout autant que les devoirs de leurs enfants, dont elles suivent les notes sur Pronote, et dont elles s'informent des activités en lisant les messages WhatsApp sur la conversation commune des mamans. Facetime et Zoom permettent de faire les réunions avec les professeurs, les collègues ou les amies. Elles suivent les nouvelles sur Twitter, les *reels* sur Instagram, les *stories* sur Facebook. Elles ne perdent plus de temps dans les hypermarchés. Depuis que le temps s'est fractionné, elles ont le monde à portée de main. « Petites Poucettes », elles gouvernent au doigt et à l'œil leur univers, contenu dans le tableau Excel où se superposent les additions des frais de la maison, la banque, les vacances, meubles, habits, fruits et légumes, cadeaux et petites attentions pour chacun.

Les femmes des années 2020 sont toujours « poètes et mannequins, ayant réussi l'amalgame de l'autorité et du charme », comme dans la chanson : fières, heureuses, courageuses, volontaires dans tous les rôles de leur vie, étudiantes, lycéennes, jeunes filles, mères, célibataires, divorcées, épouses, grands-mères. À la tête du pays ou précarisées par les crises, elles se battent pour arriver à terminer les fins de mois – une fin en soi pour celles qui n'ont plus rien. Elles ont obtenu des victoires ; elles ont connu de grandes avancées ; on leur a octroyé de nouveaux droits – et aussi, à chaque époque, une nouvelle façon de les opprimer. Alors elles essuient les défaites, et toujours ce combat contre ceux qui les dominent, les maltraitent, les violent, vendent leurs enfants et louent leur ventre, les frappent, les battent, les gardent sous un plafond de verre, les humilient par des salaires inférieurs, des embauches précaires, les licenciements à 50 ans, et la misère. On leur enlève leurs enfants au nom de l'égalité, mais on ne leur donne pas le droit de les protéger. Elles tombent, elles n'en reviennent pas de tomber encore si bas, si bas qu'on n'en parle pas.

Jeunes filles, elles s'organisent, elles se réunissent, s'unissent et revendiquent, protestent et s'affirment afin de vaincre leurs peurs et leurs inhibitions, legs du patriarcat, même si elles n'intègrent pas les parcours scientifiques qui permettent de briller sur Parcoursup. Jeunes femmes, ambitieuses, valeureuses, influenceuses, elles se parent pour la gloire, elles prennent le pouvoir sur les réseaux sociaux où elles se révèlent dans toute leur beauté et discours insensés, instruments de leur instrumentalisation. Elles amassent des abonnés, elles comptabilisent les *likes*, elles agrègent les données.

Amoureuses, elles croient toujours en l'amour, même si elles se posent mille questions, même si on leur dit *oui*, même si on leur dit *non*, et femmes libérées, elles accumulent les conquêtes, elles prennent et elles jettent, ravalent leurs larmes lorsqu'on ne les rappelle pas, se cachent pour pleurer, et s'endurcissent pour ne plus jamais souffrir par amour.

Célibataires, elles mènent leur vie tambour battant, à un rythme haletant, entre le bureau et leur appartement : un plat pour deux mangé seule en lisant, en écoutant un podcast, en regardant une série pour vivre d'autres vies que la leur, et terminer la nuit sur un dossier. Comment s'impliquer dans une relation quand on travaille autant ? Quand tout est si cher avec l'inflation ? Quand les rapports se tendent ? Quand les liens se liquéfient sur le marché de l'amour, prisonnier de l'algorithme sévère pour les femmes ?

Mères, elles sont en adoration devant leurs enfants, centres de leurs préoccupations : elles se lèvent tôt le matin pour les réveiller, préparer le petit-déjeuner, les emmener à l'école et sur le chemin de la vie. À la sortie des classes, à l'heure des mamans, elles sont présentes, et aussi aux réunions qui s'enchaînent, au moment de faire les devoirs, les bains et les dîners, qui se terminent sur la fin des devoirs et les tendres couchers. Elles en viennent à s'oublier ; elles commencent à s'épuiser ; elles finissent par divorcer.

Éducatrices, conductrices, médecins et infirmières, cuisinières et psychologues, professeurs et guides spirituels, elles résistent, elles persistent, et se relèvent. Elles traversent les années, le front haut, le sourire aux lèvres, et jusqu'à l'âge de la retraite, où elles découvrent un monde nouveau, plus doux et plus gratifiant, celui de grand-mère.

Elles sont alors toujours présentes à l'heure des mamans, qui est aussi celle des grands-mamans. Elles préparent des goûters, elles s'occupent des devoirs, elles accompagnent et raccompagnent. Elles sont alors les reines du foyer, car, dans le fond, elles aiment diriger sans diviser. Et d'autres, à l'âge fragile, seules et vaillantes, discrètes, désuètes, le geste lent, la démarche hésitante, toujours belles, toujours pimpantes, elles tiennent ce vaste et étrange monde sur leurs frêles épaules, afin de s'éteindre fatiguées, mais heureuses d'avoir contribué à le préserver par leur inaltérable humanité.

Ils s'étaient réunis un soir. Ils voulaient réussir. Ils s'en étaient donné les moyens. Il le fallait bien : il n'y avait qu'eux qui le pouvaient, qui étaient vraiment qualifiés pour entreprendre une opération si difficile, cette mission impossible. Personne d'autre n'en était capable. Ils avaient créé un groupe, une communauté secrète, connue d'eux seuls. Ils étaient dix, en tout, uniquement des mathématiciens. Ils s'étaient rencontrés à Normale Sup', lorsqu'ils étaient étudiants. L'un d'entre eux était spécialiste des algorithmes, qu'il enseignait à l'université. Un autre était pressenti pour la médaille Fields. Ils étaient les meilleurs de leur génération. Mais ils préféraient tenir leur mission secrète : ils ne voulaient en parler à personne. Cela ne se faisait pas, ce genre d'enquête. Il valait mieux la garder pour soi. C'était comme un acte de résistance.

Pour mener à bien leur mission, ils décidèrent de partir de la résolution du problème. Ils consultèrent Wikipédia : « Un algorithme est une suite finie et non ambiguë d'instructions et d'opérations permettant de résoudre une classe de problèmes. » Ils n'avaient pas beaucoup de données, mais suffisamment pour y arriver. Le fils de l'un d'entre eux, avec 13 de moyenne générale dans un bon lycée parisien, n'avait eu aucun de ses vœux retenus sur la plateforme gouvernementale Parcoursup, ni en première, ni en deuxième instance. Il n'avait eu accès à aucune université, aucune classe préparatoire, et il ne lui restait plus que des écoles privées, payantes et chères, ou bien partir à l'étranger – ce qui revenait au même, mais plus loin encore. La fille d'un autre, provinciale, avec 18 de moyenne, avait eu tout ce qu'elle avait demandé, et elle était venue à Paris faire ses études. Mais un autre, avec 17 de moyenne dans un lycée parisien, n'avait pas été pris à Sciences Po, ni dans une classe préparatoire, ni à la Sorbonne. En revanche, une jeune fille venue d'une école privée parisienne avait obtenu des filières très difficiles d'accès.

De proche en proche, ils collectèrent près d'un millier de *data*, sur un échantillon qu'ils avaient voulu être représentatif. Ils en étaient venus à penser que l'algorithme de Parcoursup était totalement aléatoire – ou alors destiné à envoyer les provinciaux à Paris, et vice versa.

Mais pourquoi ? Quel but secret poursuivait le gouvernement ?

Pour eux, c'était comme une devinette. Il fallait prendre un problème à l'envers. Cela leur rappela un jeu auquel ils jouaient à l'école :

le jeu d'Éleusis… L'un disposait des cartes selon un ordre secret qu'il inventait, et les autres devaient tenter de le deviner. Un jeu dont les règles changeaient et étaient secrètes, et qu'il fallait chercher à comprendre.

Le ministère de l'Éducation avait stipulé que l'algorithme était en libre accès, et voici à peu près ce qu'ils avaient en partie trouvé sur Internet, dans les publications dites officielles :

```
<modelVersion>4.0.0</modelVersion>
<groupId>fr. gouv. education</groupId>
<artifactId>parcoursup-algos</artifactId>
<version>2022-1.1.0</version>
<version>2022-1.2.0</version>
<name>algorithmes-de-parcoursup</name>
<properties>
<maven. compiler. source>1.8</maven.
compiler. source>
</activation>
<properties>
```

Ils s'étaient dit : est-il possible que l'avenir de nos enfants et leur éducation soient confiés à cette succession de sigles ésotériques ? Ils s'étaient dit : on va tenter de comprendre. Sinon, cela signifie que nous sommes gouvernés par notre ignorance. Et cette ignorance est coupable. Ils s'étaient dit : nous sommes tous coupables de laisser nos enfants se débattre dans un système absurde dont ils sont les premières victimes. On nous abreuve de sigles, de hiéroglyphes que le commun des mortels est incapable de déchiffrer. Mais nous qui sommes des mathématiciens, nous devons chercher à comprendre comment nos enfants sont orientés et selon quels critères.

Pendant une nuit entière, ils cherchèrent. Ils écrivirent, puis réécrivirent les données, qu'ils entrèrent dans un logiciel. Le professeur spécialiste des algorithmes crut un moment avoir compris, puis une donnée vint contredire sa modélisation, et il en fut dérouté.

Une nuit ne leur suffit pas. Il fallut qu'ils se réunissent encore, des jours durant. Cela se prolongea pendant les vacances, ils s'envoyèrent des hypothèses par mail.

En septembre, ils se réunirent de nouveau. Leurs enfants allaient rentrer dans le système Parcoursup. C'était la dernière chance.

Chacun parla à son tour. Chacun énonça le fruit de ses recherches. Mais au cours de cette ultime session, il leur fallut se rendre à l'évidence : si personne n'avait percé le secret de l'algorithme de Parcoursup, c'était qu'il procédait d'une IA qui avait décidé d'un ordre selon des critères qui échappaient au commun des mortels – et aux principaux intéressés. Une IA qui sélectionne les futurs maîtres des futures IA.

Nous sentons que nous perdons pied face à la technologie qui envahit nos vies à un rythme fou, qui nous décontenance, qui nous devance, qui nous domine, qui nous précède et nous entraîne dans un flux incessant d'innovations, d'« implémentations » –autant de révolutions coperniciennes face auxquelles nous avons du mal à faire face. Nous nous sentons dépassés, et nous le sommes.

Et dans cette course au progrès, voici une nouvelle venue : l'intelligence artificielle – face à laquelle les révolutions du passé sont déjà obsolètes. Elle s'empare de nos données et des traces que nous laissons à longueur de journée pour régir nos vies, nous influencer, nous orienter dans nos choix, jusque dans nos absences de choix. Nos comportements sont décryptés et algorithmés, nous sommes quantifiés.

Plus que cela, ChatGPT, le modèle avancé de l'intelligence artificielle, s'intéresse à la longévité humaine et pourrait bien nous rendre, en un sens, *immortels*. Selon Laurent Alexandre – écrivain, chirurgien et énarque, fondateur de Doctissimo et de plusieurs entreprises de *high tech* (a-t-il été implémenté ?) –, d'ici quelques années, l'IA dépassera le cerveau humain[5]. En effet, depuis longtemps, Google a créé Calico, qui allonge le temps de la vie : en imaginant une IA qui aura intégré toutes nos données et qui, associée à un hologramme et sans doute à un *chatbot*, nous permettra de discuter avec les morts, ceux qui ont marqué nos vies, nos aïeux, et peut-être même des personnages historiques qui répondront à nos questions, comme Louis XIV ou Napoléon.

Tout s'enchaîne, plus vite que nous ne le pensons. À une vitesse vertigineuse. Les scientifiques parlent d'une symbiose qui se prépare entre la machine et l'homme. Par NeuroLink, des puces sont déjà greffées sur des cerveaux humains. Et bon nombre de changements de paradigmes ont lieu. ChatGPT accélère l'industrialisation de l'amour et la programmation des futurs cerveaux de nos progénitures : l'enfant devra être augmenté pour être au niveau de l'intelligence artificielle, qui rend le *neuro-encehancement* indispensable afin de permettre à nos descendants de ne pas être trop distancés par les machines bien plus performantes que les humains.

5. Alexandre Laurent, *ChatGpt va nous rendre immortels*, J.-C. Lattès, 2024.

Le transhumanisme, cette idéologie progressiste qui veut sauver l'homme en l'augmentant technologiquement, n'était qu'un apéritif : le « toboggan technologique », associé à l'intelligence artificielle, nous mène droit à un changement radical de l'humanité.

Notre seule façon de survivre serait-elle de rejoindre la machine dans son univers, comme le suggère Laurent Alexandre ?

Dans ce cas, nous sommes réellement entrés dans une nouvelle dimension, qui pourrait être celle de la « fin de l'homme » tel que nous le connaissons. Et nous le regrettons. Pourquoi ? Il était fini, imparfait, mortel, méchant, barbare jusque dans la civilisation, génocidaire, raciste, violent, cruel et mauvais. La société n'était pas la seule à le dépraver. Tout y conspirait, et surtout lui-même. Le voilà, face à son risque existentiel, celui de sa néantisation et de son autodestruction par sa force démiurgique : « L'IA n'est déjà plus un choix, mais le sens de l'Histoire. »

Dans des pages conclusives à l'accent prophétique, Laurent Alexandre, par une triste litanie – « il aurait fallu » –, pense qu'il est trop tard pour arrêter le progrès. Il aurait fallu réfléchir avant de se lancer à corps perdu dans l'innovation technologique. Il aurait fallu légiférer, tant qu'il en était encore temps. Mais avec des « si », on mettrait Paris en bouteille

– et l'homme en liberté. Désormais, nous sommes condamnés à penser le progrès, et à envisager toutes les questions philosophiques qu'il pose, et non la moindre, celle de la limite de l'homme et son rapport à la finitude.

Sur le lit de la neutralité scientifique, une nouvelle religion est née, et nous n'en sommes peut-être pas conscients. Nous lui obéissons tous aveuglément. Selon Laurent Alexandre, prophète ou contre-prophète, « Internet, cette "poubelle addictive" » est pourtant le pilier de l'économie mondiale, et nous ne pouvons plus que le regretter. L'IA permet aux géants du numérique de nous influencer, sans que nous ne puissions rien faire pour l'arrêter. L'« algorithmocratie » remplace déjà la démocratie inadaptée. Homogénéisation de la pensée, dégradation de l'éthique, perte de réactivité émotionnelle, surchauffe informationnelle, fragmentation et isolationnisme, rigidité systémique… L'auteur énumère toutes les menaces de notre époque, et s'inquiète de notre futur. De la possibilité d'un futur. « Nous sommes, dit-il dans une vision saisissante, comme les habitants de Pompéi en l'an 79, juste avant l'éruption du Vésuve. »

Nous nous croyons immortels, et nous avons créé le moyen de l'être. Mais, comme Adam croquant la pomme, nous risquons d'être jetés hors du paradis.

« Instagrammable » : voilà un mot nouveau, entré dans le *Larousse* en 2023. Instagrammable signifie : « Susceptible d'être instagrammé. » Il s'agit donc d'un adjectif qualifiant une photo qui pourrait être postée sur les réseaux sociaux, en particulier sur Instagram.

Mais à quels critères obéit donc cette image que l'on définit comme susceptible d'être affichée, publiée et visionnée en *story* ? C'est toute la question. Et la réponse ne cesse d'évoluer, en fonction des critères de l'instagrammabilité (ce mot n'est pas encore entré dans le *Larousse*). Ce qui est sûr, c'est que l'image en question doit être bien cadrée, avec des couleurs vives ou des filtres, que le sujet soit clairement défini et lisible. La photo est posée, voire mise en scène, elle ne peut en aucun cas être prise sur le vif. Que doit-elle représenter ? Qu'importe. Cette photo est un monde. C'est notre monde. Comment le caractériser ?

Voici.

Instagrammables : la nourriture bien présentée, les toasts à l'avocat, les gâteaux appétissants, les plats végétariens, les légumes verts, mais aussi les devantures des restaurants, les buvettes charmantes, les cafés soignés. Pas instagrammables : les vieilles bâtisses, les villes moches, les HLM, les banlieues sans filtre. Instagrammables : les bateaux, les vieux quartiers des villes et les fleurs au balcon. Mais pas instagrammables : les gris, les marrons, les choses ternes. Instagrammables : les grands parcs, les belles promenades au bord de l'eau. Pas instagrammables : les petites routes minables, les autoroutes, les sentiers sombres. Instagrammables : les bars de *hipsters*, les boutiques-hôtels, les jolies villes d'Europe. Pas instagrammables : les plats mal présentés et les potées sans saveur, les verres vides, les objets en plastique. Instagrammables : les chats croisés au détour d'une ruelle, qui sont les rois d'Instagram (il y a même des comptes de chat, et des millions de photos de félins publiées chaque jour – certains atteignent plus de *followers* que les Kardashian, qui sont toutes instagrammables). Mais pas instagrammables : les animaux moches. Instagrammables : les bébés aux mille facéties, dans tous leurs états, si possible les pires, ou les plus intimes, en train de manger, de marcher, de roter, de vomir – voire de naître. Pas instagrammables : les vieux, les assez-vieux, les presque-vieux, les trop-vieux. Instagrammables : la jeunesse, les corps musclés, les sportifs, les naïades en maillots de bain sises dans des paysages paradisiaques, des plages de rêves, au bord des piscines et des lacs, à bord des yachts. Pas instagrammables : la cellulite, les ventres mous, les grosses cuisses et les fesses abondantes. Instagrammables : la mer, et l'eau d'une façon générale. Pas instagrammable : la rase campagne, sauf par un soleil filtrant. Instagrammables : les avions, les billets d'avion, les *concept-stores*. Pas instagrammables : les grandes surfaces, les trottoirs, les marchés, les chambres mal décorées aux papiers peints vétustes. Instagrammables : les concerts, les pièces de théâtre, les cinémas, les films. Instagrammables : les pots de crème, les parfums, les maquillages, les habits, et en général tout ce qui se vend. Pas instagrammables : l'acné et les boutons, les rides et les ridules (retouches à faire sur Photoshop) – bref : tout ce qui ne se vend pas. Instagrammables : les beaux. Pas instagrammables : les moches.

Instagrammable serait-il le synonyme moderne de « vendable », après tout ?

Mais qu'est-ce qui est beau, qu'est-ce qui est laid ?

Instagram a introduit un nouvel étalon de valeur, qui n'appartient qu'à lui et qui modèle les consciences et les visions, les orientant de façon implacable selon un schéma unique, des lois insondables et mystérieuses, mais que tous respectent tacitement, sous peine de ne pas l'être, instagrammable, et qui a pour but, finalement, de commercialiser un objet.

Moi, je ne suis pas instagrammable. Pourquoi ? Il faut avoir le bon âge, la bonne robe, la bonne pose, les codes, les *hashtags* ou mots-clés, les « inspirations », les boomerangs, les coups de cœur, les votes, les sondages, les questions, et puis, poster, *liker*, poster, *liker*, poster, *liker*.

Le pire, sur Instagram, c'est d'être ridicule sans s'en rendre compte ; c'est de vouloir en être, et de ne pas savoir qu'on n'en est pas.

Et puis, de toute façon, c'est en fait une question de génération, instagrammable. Car ce qui est instagrammable avant tout, ce sont les jeunes filles aux joues lisses et aux lèvres pulpeuses, aux corps minces, mais ronds – à tel point qu'elles se précipitent chez les chirurgiens esthétiques pour ressembler à leurs photos retouchées, et devenir elles-mêmes, non pas sur Instagram, mais dans la réalité, *instagrammables* sans Instagram.

« Plus je me mirais, plus je m'admirais », disait le comique et philosophe Raymond Devos, en contemplant son image dans le vernis trop brillant de ses chaussures.

Nous voici donc dans la « société de spectacle », annoncée par Guy Debord et devenue réelle par l'avènement du numérique. Les téléphones portables ne sont plus vraiment des téléphones, mais des appareils photos de plus en plus élaborés, avec une technologie de professionnel. Chacun se met en scène, s'exhibe – aux sens propre et figuré – et regarde les autres faire de même. Il faut être instagrammable, ou se trouver dans des lieux instagrammables, c'est-à-dire photographiables, ou à défaut les rendre tels grâce aux innombrables filtres qui embellissent le réel et le font ressembler à des tableaux en forçant sur les couleurs. Une « révolution moïque », comme le dit Elsa Godart dans son livre *Je selfie donc je suis*, définie par une subjectivité sans sujet, puisque tous les selfies se ressemblent, et leurs sujets finissent aussi par être des clones : cheveux lisses, cils et yeux immenses, bouche pulpeuse, rose, pommettes saillantes, qui mangent les mêmes *avocados toasts*, au bord des mêmes piscines, dans les mêmes villes ou les mêmes hôtels.

Pourquoi faut-il absolument tout photographier ? Les objets, les livres, les habits, les vacances, les intérieurs, les extérieurs, les parents, les enfants, les amis, les bébés, les chats, les villes, les campagnes, les montagnes… Tout doit être pris en photo – y compris ce qu'on mange. Dans cette « société fluide », comme le dit le sociologue Zygmund Bauman, où tout glisse, même les sentiments, il faut tout retenir, tout immortaliser ; en somme : faire en sorte que le monde soit photographiable. Autrement dit, l'injonction universelle : faire ressembler notre monde à une photo d'Instagram.

La devise de Chiarra Ferragni, la reine des instagrammeuses aux millions d'abonnés est : « Aime férocement et n'oublie pas de prendre des photos. » La star s'est fait connaître avec son blog « *The Blond Salad* », qui a connu un tel succès que sa réussite est étudiée à la Harvard Business School (son chiffre d'affaires est de 10 millions d'euros). Elle n'a rien fait d'autre que se prendre en photo, puis ses proches, sa famille, son mari, son fils, sa fille. Lorsque son mari l'a demandée en mariage, la photo qui a révélé à tous ce moment intime de leur vie de couple a obtenu plus d'un million de *likes*. Ainsi, chaque instant de son existence est consacré à ses prises de vues. Elle n'hésite pas, depuis qu'elle a des enfants, à les prendre quotidiennement en photo, et ce, dès le premier jour de leur naissance.

Tout photographier, c'est être dans la représentation constante de ce que nous vivons, qui nous donne sans doute l'impression de le vivre. Mais en photographiant, nous ne vivons plus les moments avec autant d'intensité, puisque nous sommes en train de cadrer, de regarder, de choisir les angles et de faire des prises de vue. Soit on vit, soit on se regarde en train de vivre. Et photographier, c'est mettre à distance, c'est avoir un regard sur ce que l'on vit en même temps qu'on le vit.

Le capitalisme spéculaire nous rend en permanence, non pas acteurs, mais spectateurs de nos vies. Il fait de nous des photographes, des vidéastes, des réalisateurs. Et sur nos téléphones portables, voici que s'accumulent des milliers et milliers d'images, de films, de vidéos, que nous prenons sans les regarder – car il y en a trop : on se montre, et en se montrant en train de vivre, on se virtualise. On finit par se prendre en photo juste par habitude, non pas pour se constituer une mémoire. Car si nous devions faire des albums photos de tout ce que nous prenons, nous y passerions notre vie. Nous nous construisons un idéal narcissique du moi qui se superpose au moi réel – et si cela ne suffit pas, on photoshope, on met des filtres, on crée un nouvel habitus.

Narcisse, dans la mythologie grecque, regardait son image dans le fleuve, car il était tombé amoureux de lui-même en voyant son reflet : « Plus il se mirait, plus il s'admirait. » Dans le mythe repris par Ovide, lorsque le devin Tirésias le vit à sa naissance, il prédit qu'il pourrait atteindre un âge avancé à la condition qu'il ne se reconnaisse pas. Or, d'une très grande beauté, le jeune homme devenu vaniteux repoussait les avances de celles qui tombaient amoureuses de lui. Jusqu'au moment où il aperçut son reflet dans le fleuve. Il s'éprit alors de lui-même, au point de ne plus pouvoir arrêter de se contempler. Il se regarda tant qu'il en tomba dans l'eau, et se noya dans sa propre image.

« Nos enfants ne sont pas nos enfants. » Voilà ce qu'affirmait Khalil Gibran, sans prévoir qu'ils deviendraient ceux des Smartphones. Ils ont le cou qui s'incline gracieusement et irréversiblement vers leurs téléphones remplis à ras bord d'applications, de messageries, jeux, chaînes, réseaux sociaux, vidéos, films, notifications, imprécations, injonctions, appels et rappels : la nuit, le jour, ils sont penchés sur leur écran, presque courbés. Nos enfants ne sont pas nos enfants : ce sont des cygnes, de beaux cygnes figés dans la glace, « Ce transparent glacier des vols qui n'ont pas fui / Quand du terrible hiver a retenti l'ennui[6]. » Ils se réveillent avec Instagram, poursuivent la journée avec TikTok, des vidéos et d'autres réseaux, et s'endorment devant une série. Ils déjeunent, marchent, mangent, le portable en main, et même en classe, « en scred » ou « en vrai », ils regardent, consultent, scrollent à longueur de temps, ils se virtualisent

6. Mallarmé Stéphane, « Le vierge, le vivace et le bel aujourd'hui »

dans le monde parfait des images instagrammables photoshopées.

Comment les débrancher ? (Non pas les portables, mais nos enfants.) Les « Petites Poucettes » (comme les baptisait tendrement le philosophe Michel Serres dans son célèbre éloge de la modernité[7]) ont laissé place, il me semble, à des Petits Poucets. Il paraît loin, déjà, le temps des réjouissances technologiques telles que le penseur les célébrait à travers le personnage de la petite fille qui tenait le monde au bout de son doigt agile. Qui réinventait sa manière de vivre et, à travers elle, celle de toute la société, institutions, entreprises et école comprises. Qui savait discuter, et se connecter à tout moment aux informations tout comme aux spectacles mondiaux pour établir « un pont » et une collaboration entre les générations.

Tout cela est vrai, mais aussi autre chose, que le philosophe n'avait pas prévu : nos enfants sont des Petits Poucets. Dans ce conte cruel des frères Grimm, des parents pauvres et frustes, qui n'ont plus de quoi manger, tentent de se débarrasser de leurs enfants en les perdant dans la forêt. À chaque fois, ils reviennent grâce au petit dernier, le plus malin,

---

7. Serres Michel, *Éloge de la modernité*, Le Pommier, 2012.

le Petit Poucet, qui sème des cailloux pour retrouver son chemin. Mais un jour, n'ayant pas de caillou, l'enfant laisse sur le chemin des miettes de pain, qui seront picorées par les oiseaux, laissant ainsi le jeune protagoniste et ses frères à la merci de l'ogre, qui finit par les dévorer.

Cette histoire est-elle une métaphore de notre époque ? Les parents sans ressource (au sens propre et au sens figuré) se délestent de leurs enfants en les perdant dans la forêt du Net pour être dévorés par l'ogre technologique.

Mais comment faire autrement ? Combien d'énergie, d'autorité, de volonté et de courage faut-il pour lutter contre nos ados technologiques ? Nos enfants sont des *junkies* – en manque constant de leur dose d'écran lorsqu'on les en prive. Drogués, ils se roulent par terre, se révoltent et finissent par fuir pour trouver ce qu'il leur faut.

La vérité, c'est qu'ils ne peuvent plus s'en passer – comme nous, d'ailleurs, soyons honnêtes –, car nous sommes tous des cygnes : la tête penchée, du matin au soir. Comment faire attention aux autres, être à leur écoute, se rencontrer parfois, mais aussi lire, se cultiver, effectuer des activités artistiques ou autres, ou simplement – et c'est le pire – ne rien faire. Car c'est dans l'ennui que l'on se construit, que l'on imagine, que l'on trouve le manque et le désir, que l'on rêve, que l'on réfléchit, que l'on crée, que l'on fait du sport, ou que l'on va au cinéma, aux expositions, au théâtre, aux balades en forêt, et aussi que l'on aime.

L'art comme l'amour naissent de l'ennui et meurent de la technologie. Dévorés par l'ogre, nous nous allumons le matin et nous nous éteignons le soir, tels des robots, en même temps que nos portables. Quel parent aura assez de force pour garder ses enfants dans la maison humaine ? Et quel Petit Poucet, quelle Petite Poucette, aura l'idée de semer des pierres sur son passage pour retrouver seul le chemin de la maison ?

C'est une discipline quotidienne et douloureuse, qui ne passera que par le sens du sacré. Le sacré : cet espace intouchable, qui préserve l'humain, où l'on sort de l'univers numérique pour retrouver l'essentiel, le seul endroit où les beaux cygnes lèvent la tête de leurs vilains petits portables.

« Le vierge, le vivace et le bel aujourd'hui va-t-il nous déchirer avec un coup d'aile ivre ? »

Que reste-t-il de nos amours ? Que reste-t-il de nos amours à l'heure des *sex friends*, des réseaux sociaux, et du grand marché des sentiments qui se développe au gré des algorithmes ?

Autour de nous, que d'errances amoureuses, jusqu'au désespoir et au dégoût. Que de couples qui se disputent, à se demander sans cesse s'il est opportun de rester ensemble. Que de désamours, que de divorces, de relations qui se durcissent et s'obscurcissent, se ternissent et se bannissent, sous l'effet de la haine, de l'ennui, de la colère, de la lassitude, de l'épuisement. Que de femmes désillusionnées après s'être inscrites sur les réseaux. Que d'hommes perturbés par des SMS restés sans réponse après des soirées prometteuses. Que de textos, d'hésitations, de rationalisations, de cœurs brisés et de mœurs qui se raidissent. Que de *selfies* que l'on supprime dans une poubelle, que de poubelles qui se vident. Que de messages qui arrivent, du matin au soir, se ratent et parfois s'entrecroisent, sans signification. Que de charmes, de *likes*, de *matchs* sur les applications de rencontre, d'attentes, d'espoirs vaincus, d'expériences vécues au rythme trépidant des nouvelles technologies, entre une commande au supermarché, des soldes sur un site marchand et une multitude de *swipes* sur une multitude de sujets. Que reste-t-il de nos amours quand nous n'avons pas le temps d'aimer, pris par nos vies, nos métiers ? Quand la technologie nous hypnotise à grand renforts d'images ?

Comme le montre Hartmut Rosa dans son livre *Accélération*[8], l'expérience majeure de la modernité est celle de l'accélération du temps. L'espace psychique est réduit. Nous vivons notre vie par épisodes, par segments, par moments rapides : peut-être est-ce la raison pour laquelle on nous assène que ce qui est important, c'est l'instant – avec le livre d'Eckart Tollé vendu dans les grandes surfaces, entre le rayon papèterie et le rayon ustensiles de cuisine. Peut-être est-ce la raison pour laquelle on nous propose autant de séries, miroirs de nos vies découpées en épisodes, de nos existences décousues dans lesquelles nous tentons de tisser un lien à travers celles des autres, en vivant d'autres vies que les nôtres, plus vives et plus palpitantes sans doute, qui deviennent

8. Rosa Hartmut, *Accélération*, Éditions Philosophie Magazine, 2018.

notre réalité, tandis que notre réalité ne cesse de se virtualiser.

« Que reste-t-il de nos amours ? » C'était le titre d'une chanson de Charles Trénet, c'est la grande question de notre époque. Même nos chansons ne parlent plus d'amour ; même nos fictions s'appauvrissent et s'étiolent, ne racontent plus que l'errance sans la rencontre, le divorce sans le remariage.

Où sont les mythes, les récits et les comédies romantiques qui nourrissaient la ferveur de nos nuits ? De *Nuits blanches à Seattle* à *Quand Harry rencontre Sally*, de *Pretty Woman* à *Quatre Mariages et un enterrement* : tous ces films qui célébraient l'amour, où deux êtres prédestinés l'un à l'autre étaient séparés par la vie, et dérangeaient l'ordre préétabli par les dieux en déjouant leurs plans néfastes pour se retrouver, à la fin, amoureux.

En ce temps-là, j'avais vingt ans. Et l'amour était plus fort que tout. Et je lisais ces livres de philosophie qui célébraient l'amour-passion, l'amour fou, où les deux parties de l'androgyne finissaient par s'unir, de façon à ne faire qu'un seul être. Au début, appris-je, les hommes et les femmes formaient des êtres uniques comme des boules, mais ils se prirent pour des dieux, et ceux-ci, pour les punir, les séparèrent en deux. Depuis, chacun cherche sa moitié et n'est heureux que lorsqu'il l'a rencontrée. Ainsi, on tentait d'élucider l'origine de l'amour : s'unir avec l'être aimé et se fondre en lui, de façon à ne faire qu'un seul être au lieu de deux. Aujourd'hui, les dieux nous ont punis de nous prendre pour les dieux de la technologie, de l'intelligence artificielle, de l'infini des possibles : ils nous privent d'amour.

Que reste-t-il des comédies romantiques, disparues depuis quelques années au profit des dystopies futuristes franchement inquiétantes, où les histoires d'amour n'ont plus de place dans les franchises comme les *Marvel*, les *Star Wars*, les *Mission impossible*, ni dans les films d'action ni dans ceux d'espionnage, historiques ou politiques. Qui oserait même écrire une histoire romantique sans paraître ridicule ? Qui se souvient de *Sur la route de Madison*, réalisé par Clint Eastwood en 1995, qui décrivait la relation amoureuse entre une femme d'intérieur et un photographe de passage dans un lieu improbable, amour impossible et sublime, devant les fourneaux de la ménagère. Ou encore *Titanic* de James Cameron, en 1997, qui racontait la rencontre entre deux jeunes gens de condition différente, qui allaient s'aimer d'un amour sacrificiel où l'un donnera sa vie pour l'autre. Ces films ont marqué leur époque au point de devenir des références : ils faisaient partie de la mythologie personnelle de nos jeunesses passées. Ils sont devenus comme des curiosités.

Aujourd'hui, les amoureux de *Lala Land* s'aiment et se quittent dans un chassé-croisé qui a le goût du désespoir et de carrières à mener, de trajectoires gâchées par trop de rationalité et trop d'ambition. Passionnés par leur art et par eux-mêmes plus que par l'autre, les amoureux se quittent : une romance des temps modernes. Tout comme *Cinquante nuances de Grey*, qui vient enflammer l'imaginaire érotique appauvri par le déferlement pornographique, symbole de « l'industrie capitalistique par excellence, qui vend les corps sans sentiment » (selon la formule du philosophe Giorgo Agemben). Même Barbie n'est plus amoureuse de Ken : elle préfère faire des *pyjamas parties* avec ses amies plutôt que le recevoir chez elle ; elle n'a pas grand intérêt pour cet idiot dont le métier est « Plage », qui n'a pas le niveau des femmes extraordinaires qu'elle fréquente, la Barbie présidente, la Barbie médecin, la Barbie prix Nobel. Des âmes sœurs, il n'y en aurait plus ? Aux âmes sœurs, on préférerait les sœurs ? L'amour serait surévalué. On n'en veut plus. On n'en peut plus. On n'a plus le temps. On n'a plus l'énergie. On a perdu la patience. On préfère tout à l'amour. On change, on évolue, on divorce, on se dispute, on se quitte.

Où sont les chagrins d'amour ? Partout, je ne vois presque plus que des chagrins de non-amour : des gens désespérés de ne pas aimer, de ne pas être aimés, voire de ne pas s'aimer eux-mêmes. Déçu de l'amour, on sombre peu à peu dans la renonciation, on s'enferme dans la solitude et on n'attend plus rien, on n'ose plus – et on anéantit sa capacité à aimer. Après des ruptures longues et douloureuses qui mènent à la dépression, les séparations se répètent et les échecs amoureux s'accumulent. On finit seul et désespéré. Ou pas – presque soulagé.

Que reste-t-il du « tendre sentiment » ? Il est devenu presque plus obscène que la sexualité, comme le pensait Roland Barthes dans *Fragments d'un discours amoureux* : « Et maintenant je prétends qu'un sujet, je dis bien un sujet pour ne pas prendre parti à l'avance sur le sexe de ce sujet, un sujet amoureux aura beaucoup de mal à vaincre l'espèce de tabou de la sentimentalité, alors que le tabou de la sexualité aujourd'hui se transgresse très facilement[9]. »

Que reste-t-il de nos amours à l'heure des émoticones ? En quelques secondes, on passe du rire aux larmes, de l'extase à l'énervement, de la fatigue à la colère – sans transition, et

9. Barthes Roland, *Fragments d'un discours amoureux*, Seuil, 1977.

presque sans cause. Quoi ? De notre amour fou ne resteraient que des cendres ? Tout commence par un texto, et tout finit par un texto. Celui qu'on croyait être comme soi-même – constant, fidèle, amoureux, celui qu'on croyait être son compagnon de vie, son mari, court après une autre femme, et il est insaisissable : le *ghosting* sonne le tocsin de la brièveté de nos amours et consacre la légèreté insoutenable de l'être-amoureux.

Nous n'avons jamais affaire à l'autre, mais à l'autre de l'autre – c'est-à-dire à son altérité qui fait qu'il nous échappe sans cesse. Au moment même où nous pensions l'avoir en notre possession, le voilà ailleurs. Le *ghosting*, qui vient du mot anglais *ghost* (« fantôme »), est un véritable phénomène de société. Il consiste à soudainement ne plus répondre en « lâchant des vues », c'est-à-dire en ayant lu les messages ou à bloquer l'autre, en le supprimant de ses amis. Du jour au lendemain, après l'été indien, l'amour s'en va, et souvent même avant d'avoir commencé. Cela peut arriver également avec ses amis, ses enfants, ses relations de travail. D'un jour à l'autre, plus de réponse. Plus de contact. Ce phénomène touche en particulier les adolescents, familiers de ce genre d'étranges disparitions.

Plus cruel encore est l'*orbiting*, où l'on préfère regarder les comptes Instagram plutôt que la personne, et se transformer en voyeurs plutôt qu'en acteurs. Désormais, un autre schéma enveloppe nos amours. Nous ne voulons plus de l'amour-passion, et encore moins de l'amour absolu. Nous lui préférons le règne de l'individu, car rien ne peut dominer sa volonté et ses valeurs ; et il est bien au-dessus de l'amour et du destin, puisque c'est lui qui tire les ficelles de sa vie romantique.

Dans *Lalaland*, Sebastian et Mia se rencontrent en effet par hasard dans un terrible embouteillage à Los Angeles, ne se reconnaissent pas, ne se plaisent pas du tout lorsqu'ils se revoient ; il faut vraiment forcer le destin pour qu'ils finissent par se mettre ensemble, alors même que Mia pose un lapin à Sébastian qui se retrouve seul au cinéma à manger des popcorns. Autrement dit, ils n'étaient pas prédestinés, n'avaient pas grand-chose en commun, ne sont pas des âmes sœurs. L'amour naît comme malgré eux et s'en ira, de leur plein gré. Il ne les domine pas, il ne les terrasse pas, il ne les intéresse pas. Le coup du sort s'abat sur eux sans qu'ils ne veuillent y échapper. Tout comme la fin de leur amour, qu'ils accueillent avec résignation et philosophie.

C'est également ainsi dans le film *A Star is Born*, de Bradley Cooper, qui raconte l'histoire d'un amour qui naît comme une fleur sur un champ de ronces, entre deux être jetés par la vie qui se reconnaissent par leur art. Et à l'instar de *Lalaland*, le travail, la carrière, l'ambition les sépare et les détruit – plus que l'alcoolisme –, puisque ce qui les divise, finalement, c'est que l'un poursuit sa carrière vers les sommets de la célébrité, tandis que l'autre préfère rester authentique dans son art, au risque d'en mourir. Il faut toujours qu'il y en ait un qui se sacrifie pour faire couple, pour être deux. Comme si l'un devait se dissoudre ou mourir pour que l'autre existe : tel était d'ailleurs le message de *Titanic*. Message amoureux, puisque Jack finira par donner sa vie pour sauver Rose qui ne voulait plus de la vie. Message politique aussi : c'est la riche, la fortunée, la capitaliste, qui finira par l'emporter, écrasant la classe ouvrière. Le *Titanic*, c'est le naufrage de l'amour sur l'iceberg froid du capitalisme sans cœur.

Que reste-t-il de l'amour, si l'amour n'est plus qu'un discours – et donc un discours parmi d'autres ? Même s'il nous mène jusqu'aux plus grandes déclarations, celles que l'on fait dans ces fameux « instants », que vaut l'amour face à une carrière brillante, une vraie rencontre avec le public, l'art ou l'épanouissement par le sport, par exemple ? Puisque l'on ne saurait concevoir l'amour que dans la durée, et qu'il ne dure pas.

Aujourd'hui, que dit-on quand on dit « Je t'aime » ? Est-ce « Je t'aime, ce soir » ? Ou « Je t'aime pour trois ans », comme le dit Frédéric Beigbeder dans sa fameuse oxymore : les débuts sont grandioses, l'amour passionné et la rupture pathétique, parce que la magie a cédé le pas à l'ennui, l'habitude, aux tâches ménagères comme dans *LaLaland*, ou encore à l'alcool, reflet de la solitude irrémédiable de l'être humain, comme dans *A Star is Born*.

Que reste-t-il de nos amours, sinon un partenariat, un « CDD » ou un « CDI » ? De l'intérêt, du désir, de l'attrait, des regrets et des soupirs, mais guère de passion. Si une personne nous laisse tomber, immédiatement, les sites en proposent dix autres. Il y a de quoi se consoler et oublier. Aujourd'hui, on aime, oui ; on « aime bien », on *kiffe*, on *like*, on valide. Le concept de *sex friend* remplace celui de l'amant, de l'amoureux, du fiancé. Il est amoral, au-delà même du personnage post-moderne de Don Juan, qui aime séduire et abandonner.

Que reste-t-il de nos amours ? Pas grand-chose, sinon le rêve d'aimer, présent en chaque être, comme une résistance à tout, à l'air du temps, au climat chaotique, à la crise économique, morale, financière. Pas grand-chose sinon ce *quelque chose* et ce *presque rien*, qui nous dit tout bas : « Et s'il n'en reste qu'un, je serai celui-là. » Qui murmure : « Ne me quitte pas. » Va donc savoir, va comprendre, cet amour cruel comme un duel – « Toi qui m'aimais, moi qui t'aimais » –, et ces chansons-là nous ressemblent et nous rassemblent. Car elles nous rappellent que nous sommes avant tout des êtres qui aiment, qui ont le désir d'aimer, et ce désir résiste au défaut d'aimer, comme une persistance, une insistance, à le dire encore une fois, une dernière fois, à l'entendre dans une chanson susurrée par Jane Birkin, dans un souffle, un murmure, une supplique ultime, presque un rêve, un idéal : « Je t'aime, moi non plus, je t'aime, je t'aime »…

Exhibitionnisme et voyeurisme : à travers notre téléphone, nous pensons pouvoir tout vivre, tout savoir, tout lire, tout découvrir, tout contrôler. Sur le Net, peut-être à cause de l'écran ou de l'écrit, tout se dit – souvent même sans anonymat. Violemment. C'est comme si, attablé à la terrasse d'un café, on stigmatisait les passants : trop moches, trop gros, trop bêtes... C'est ainsi que non seulement les insultes, mais aussi les injures raciales et les théories du complot font florès sur la toile. Yahoo, eBay, Amazon vendent des objets nazis, ainsi que *Mein Kampf*. Sans parler de la flambée antisémite, analysée dans un livre qui fait froid dans le dos, *Haine et violences antisémites, une rétrospective : 2000-2013*, où Marc Knobel recense, depuis dix ans, des sites, des échanges sur des forums de discussion et de la propagande sur le Net.

On le sait : la radicalisation se développe davantage sur Internet que dans les mosquées. Comme le dit l'historien, « Internet est devenu un défouloir pour la haine et le racisme, au point de les banaliser ». « Flots d'injures, de salmigondis ou d'accusations assassines » : sur

Internet, tout est possible, tout est permis, tout est licite. Un jeune sur cinq adhère à la théorie du complot : tel est le résultat du sondage effectué après l'attentat de *Charlie Hebdo*, en 2015. Selon Rudy Reichstadt, fondateur de Conspiracy Watch, les sites développant des thèses conspirationnistes et des *fake news* sont en croissance exponentielle. Homophobie, sexisme, racisme, négationnisme : tout y passe. « Bref, l'inhumanité, d'un clic. »

Personne ne peut le contrôler : cela va trop vite sur Twitter, Facebook et autres. Quant aux signalements, ils sont impossibles à déposer, et par ailleurs inutiles. Si, jusqu'à présent, l'État et la justice exerçaient leur autorité sur les propos racistes, c'est désormais à Facebook, Google, etc., de décider de ce que l'on peut dire et ne pas dire. En fonction de quels critères ? C'est bien là le cœur du problème. Les modérateurs, ces nettoyeurs du Web, décident en quelques secondes de supprimer ou non des *posts* d'internautes. Images de décapitation de l'État islamique, pornographie, *fake news* : aujourd'hui, Facebook emploie 7 500 personnes pour filtrer ces propos (contre 12 en 2009).

Et le seuil de tolérance est assez élastique, comme l'illustre l'affaire Alex Jones, animateur de radio d'extrême droite qui diffusait ses théories du complot en toute impunité sur Facebook, Twitter et YouTube, ainsi que ses podcasts sur Apple. Lorsqu'Apple a décidé de détruire ses podcasts, suivi par Twitter, Alex Jones a dénoncé l'*establishment* contraire au premier amendement américain sur la liberté d'expression. Le scandale de la manipulation des réseaux par les Russes pour l'élection de Trump a ensuite alerté sur la dangerosité de la prétendue liberté d'expression : campagnes d'influences politiques, fanatisme, racisme et théories racistes en font partie.

En France, l'incitation à la haine raciale et à la diffusion des propos racistes est interdite grâce à la loi Gayssot. Mais qui la respecte ? Et comment la faire appliquer aux millions de messages diffusés sur tous les types de réseaux (deux millions et demi de messages sur Facebook par minute, 450 000 *tweets* et 500 heures de vidéo sur YouTube) ? Or, de la parole à l'acte, il n'y a qu'un pas.

Dans les années trente, les théories du complot ont eu une conséquence dramatique, puisqu'elles ont servi de préparation idéologique à l'extermination des Juifs : il fallait les éliminer parce que cette race inférieure voulait prendre le contrôle du monde. Or, le problème est pudiquement évité à présent – y compris par les philosophes, dont Ronald Dworkin, qui « s'oppos[ait] à toute restriction de la liberté de parole, à toute forme de censure contre un discours, même raciste et sexiste ». « Je ne ferai qu'une seule exception, dit-il. Si vous arrivez au milieu d'une foule en colère, une corde à la main, et si vous désignez un Noir en criant : "Pendez-le!", alors vous méritez d'être poursuivi. »

Un libéralisme ravageur et coupable : le même que celui qui s'empare de nous lorsque nous offrons un portable à nos enfants sans restriction. L'approche pour la régulation du Net, consistant à « exclure ou limiter au possible les discours de haine », est un sujet connexe, non prioritaire : pourtant, c'est bien là le sujet essentiel, car il traite de ce que nous serons demain. Nous sommes face à une hydre sans contrôle, sans limite : sans foi ni loi, qui s'est invité dans nos quotidiens, et déteint chaque jour davantage sur nos comportements.

« La philosophie, ça ne sert à rien », dit-il en me regardant droit dans les yeux, sans sourciller. C'est le moment où il faut faire ses vœux et choisir ses options avant la classe de terminale. Comme il faut privilégier deux options sur trois, il a décidé d'éliminer les HLP (acronyme désignant les humanités-littérature-philosophie) au profit des mathématiques et de l'économie. Il est sérieux, déjà, malgré son jeune âge ; et il a mûrement réfléchi, pesé le pour et le contre. Il n'a pas la moindre intention de changer son choix, qui se porte résolument sur l'économie et les mathématiques – car tout le monde lui dit que c'est ce qu'il y a de mieux, et surtout la « société ». On lui parle de la crise économique, de la crise écologique, de la crise politique. Avec ces matières, il pense avoir un meilleur classement dans les algorithmes impitoyables de Parcoursup, qui sélectionnent pour les filières les plus demandées quantité de matheux, au détriment des littéraires qui finissent mal classés, et sont parfois forcés de quitter le pays afin de faire leurs études à l'étranger, chassés de la Cité, tels les poètes de la République platonicienne que l'on reconduit aux portes.

Doux rêveurs ! N'égarent-ils pas les gens avec leurs images ineptes ? Ne sont-ils pas totalement inutiles ? À quoi servent-ils ? Avec les mathématiques et l'économie, au moins, il pourra obtenir une place dans les universités les plus prestigieuses, les classes préparatoires ou les écoles bien classées ; effectuer de meilleures études afin de se présenter sur le marché du travail bardé de diplômes prestigieux ; et trouver un travail plus rémunérateur dans le domaine de la technologie. Bref, tout ça pour gagner de l'argent. Alors, en effet, la philosophie, dans ce contexte, ça ne mène à rien, répète-t-il, ancré dans sa certitude, au grand dam de Descartes – qui l'a pourtant averti sur l'importance du doute dans le processus de toute réflexion véritable.

Mais celui qui décide d'arrêter une option doit savoir que la note qui comptera dans l'infernal Parcoursup est la moyenne de celles que l'élève aura obtenues dans cette option. Donc il faut qu'il prépare bien le contrôle de « HLP » – même si c'est le dernier, même si cela ne sert à rien –, et il se trouve que celui qu'il doit préparer porte sur le thème de la parole.

La parole, lit-il, s'oppose au langage. La parole est individuelle, personnelle et singulière : elle reflète le sujet dans son intériorité ou son désir de s'exprimer, de prendre la parole.

En revanche, le langage est un système de signes valable pour tous ; il est universel et collectif. Leur professeur leur a donné à lire ce texte de Heidegger, où le philosophe explique en quoi la parole est parlante : elle offre un sens, une intentionnalité, à l'opposé du langage mathématique, par exemple, qui cherche la cohérence et la vérité, qu'elle reproduit à l'identique, quel que soit le moment, l'époque ou le sujet. La parole, elle, est traversée par le temps : on ne parle pas à vingt ans comme à soixante, le discours n'est pas le même, grâce à la singularité de la parole qui offre un espace de changement et de liberté, par l'infinité du sens et des possibilités de combinaison des mots pour construire un discours. Ainsi, « une parole essentielle a souvent l'air, dans sa simplicité, d'être non essentielle. Et d'autre part, ce qui se donne l'apparence de l'essentiel n'est souvent que commérage et rapportage ».

« Tu vois ? » fais-je remarquer au jeune homme pétri de certitudes. La parole philosophique fait partie de ces paroles qui cherchent l'essentiel, à l'opposé des « commérages et rapportages ». « Qui sont ?… », me rétorque-t-il. Qui sont, par exemple, le langage du quotidien, ce que l'on dit les uns et les autres, les uns sur les autres, ce qui n'offre pas de sens ni de vérité, mais aussi le langage mathématique, économique, juridique. « Des commérages ? »

Des bavardages aux paroles inessentielles, car elles ne parlent pas de l'existence, alors même qu'elles se délivrent par un jargon qui donne l'apparence de la compétence et de l'importance. La philosophie, elle, s'intéresse à la question de l'existence. Et c'est même son seul objet véritable, sa raison d'être. D'où venons-nous ? Où allons-nous ? Ce monde a-t-il un sens ? Notre vie a-t-elle un sens ? Qu'est-ce que l'homme et qu'est-ce qui le définit en tant que tel ? Tout le reste, c'est du bruitage. Du bruit que nous faisons sans nous poser la seule véritable question, qui est celle de la vie. Et que vaut la vie sans se poser la question de la vie ?

Je conclus en lui concédant : la philosophie, ça ne sert à rien, certes. À rien d'inessentiel.

« Elle adorait ses élèves, elle aimait son boulot. » « Et elle était adorée d'eux, il y avait vraiment une relation. » Agnès Lassale, la professeure assassinée en plein cours au collège Saint-Thomas-d'Aquin de Saint-Jean-de-Luz, vouait son temps à l'enseignement. Comme la plupart des maîtres, elle avait dédié sa vie à ses élèves. Même si elle avait évidemment sa vie *à elle*, elle préparait ses cours et ses élèves à la vie, elle ouvrait les portes des classes et les consciences, elle faisait d'une langue un moyen de comprendre une autre culture, une autre civilisation, une autre façon d'être, de penser et de vivre. Elle demandait à ses élèves de l'assiduité et de l'écoute, d'apprendre le vocabulaire et de faire leurs devoirs, d'écouter et de parler sans cesse, afin de progresser sur le chemin de l'école, ce chemin que n'empruntent que ceux qui ont le privilège d'habiter dans ces pays où il est encore possible d'apprendre pour tous (quels que soient l'âge, le sexe, la couleur de peau ou la religion), où l'école est obligatoire et nécessaire, car elle fait partie de la civilisation, de la culture et d'une certaine idée que l'on se fait de l'homme : un être qui doit apprendre. Un homme et pas un animal. Alors tuer un maître en plein cours, c'est un symbole. Il faut sans doute être fou, mais il faut aussi vouloir empêcher la parole.

Les professeurs dispensent un savoir vivant, qui n'est pas formaté ni régi par les algorithmes, un savoir né de la culture, de la lecture et de la réflexion sur le monde. Ils offrent, par leur vie de service, d'abnégation et de vocation, des leçons, des directions droites et modestes, des horizons idéalistes. Loin du dogmatisme des institutions et des esprits tyranniques, sans parti pris, sans préjugé autre que celui de vouloir transmettre, dans le but vital aujourd'hui de sortir les jeunes de l'imbécillité. Ce savoir vivant qui donne des clés pour ne pas subir cette époque déroutante – mais s'en libérer par l'intelligence, et peut-être déjouer les pièges de sa modernité. Les philosophes, les linguistes, les historiens, les mathématiciens, les physiciens, les professeurs de sport, de sciences, d'économie, ceux qui enseignent les lettres et les humanités : leurs pensées nous éclairent et nous rendent à notre humanité. Ils nous donnent des repères ; ils viennent rappeler la complexité du réel face à la pensée unique des réseaux sociaux – cette non-pensée qui nous guette lorsque nous exprimons nos désirs et nos envies, nos centres d'intérêt et nos choix, nous rendant esclaves du capitalisme de l'attention. Des hommes, en chair et en os, face à Internet et au savoir générique de la culture numérique qui formatent des zombies. Des hommes qui parlent à des hommes, pas à un marché.

Les maîtres sont au cœur de toute véritable pensée. Vivants, ils dispensent des questions plus que des réponses. Les professeurs jettent un pont entre les générations : éternellement jeunes, ils restent toute leur vie au contact de l'enfance, ils sont un repère pour ceux qui les écoutent, ils entendent battre le cœur de chaque élève et connaissent les maux de la société, de l'intérieur.

Ils n'ont plus d'autorité, ils n'ont plus que des doutes. Ils n'ont plus de nécessité, ils sont fragilisés, insécurisés, stigmatisés. Ils n'ont plus d'argent, ils n'ont que des dettes. Ils n'ont plus de prestige, ils sont invisibles. Ils sont bousculés, vilipendés, poignardés, décapités. Mais les assassiner, c'est massacrer la société tout entière, dans son idéal, son ordre et ses fondements. Car, même s'ils ont chuté de l'échelle sociale, les enseignants restent l'élite de la nation. Cette nation qui se suicide lorsqu'elle ne les soigne pas ; cette société qui se tue lorsqu'elle les laisse sans défense – car ils ne sont pas protégés, ni physiquement, ni moralement, ni idéologiquement, ni économiquement. Faudra-t-il que chaque enseignant soit accompagné d'un garde du corps pour le comprendre ? Faudra-t-il que chaque professeur aille au lycée la peur au ventre ? Le professeur assassiné est l'un des symptômes les plus inquiétants de la faillite de la modernité et de l'homme, puisque l'humain est leur domaine. La curiosité, le rapport à l'autre n'est pas l'affaire de la politique, qui remplacera les profs par des algorithmes, qui les soumettra à la dictature des chiffres et des discours électoraux, qui les rendra esclaves au lieu de maîtres. C'est une erreur monumentale que de ne pas écouter les professeurs. Une erreur que ne commettent pas seulement les élèves. Tuer un maître, c'est aussi, à travers l'homme et le projet, supprimer sa parole, son enseignement, son savoir ; c'est empêcher la transmission, c'est se couper de son passé, de son intelligence, et de son identité. C'est assassiner l'avenir. C'est se suicider.

Il s'était levé, après une nuit agitée. Il avait encore fait des cauchemars. C'était toujours pareil. Il y avait des moments plus tendus que d'autres, mais celui-ci en était un. C'était la reprise, le premier jour. Il s'y était préparé, psychologiquement et physiquement. Il s'était remis à courir, presque tous les jours, pour entretenir sa forme et sa capacité à réagir vite. Il avait connu des moments pires que celui-ci. Ceux où il arrivait, la boule au ventre, où l'angoisse lui serrait la gorge, car il savait qu'il devrait affronter la peur. Et il savait aussi qu'il était seul face à tous. Seul contre tous.

Il prit une douche et s'habilla : ces derniers temps il portait des habits moins protocolaires, plus confortables, et il mettait des baskets, au cas où il devrait s'enfuir, vite, aussi vite que possible, pour échapper à la mort. Il fallait envisager cette hypothèse aussi : il devait être prêt à tout. Il se regarda dans la glace : à trente-cinq ans, il était beau, charismatique d'après ce qu'on lui disait, et sa mâchoire carrée, ses yeux bleus acier lui conféraient une forme d'autorité naturelle. Quand il regardait droit dans les yeux, cela produisait son effet. Une forte impression : il n'avait pas de mal à s'imposer, ce qui était important – tout autant que la préparation physique. Parfois un regard suffit pour arrêter le désastre.

Il avala son café encore brûlant, rassembla ses affaires, puis sortit de chez lui. Il ferma la porte à clef, donna deux tours, vérifia qu'elle était bien fermée – il faisait toujours attention depuis que plusieurs collègues l'avaient prévenu qu'ils avaient reçu des menaces, des insultes et des messages inquiétants. Et surtout, depuis que l'un d'entre eux avait été attaqué à son domicile.

Ces avertissements créaient une forme de terreur insidieuse, mais il refusait de courber l'échine, de baisser la tête. D'autres que lui avaient passé des semaines à se cacher sous leur imperméable, à se terrer. Certains avaient renoncé à leur mission, à leur vocation ; ils s'étaient mis en congé ou avaient donné leur démission. D'autres encore avaient justifié de leur état dépressif pour obtenir un certificat médical. Le salaire pour ce que l'on demandait d'endurer n'était pas suffisant. Il aurait fallu qu'ils gagnent plus d'argent pour accepter de prendre autant de risques. Pour faire face aux insomnies, à l'angoisse, aux regards de haine, et pas seulement les regards. Les actes, parfois. Barbares, monstrueux, inouïs. Mais pas lui. Lui n'acceptait pas de se résigner.

Il marcha. Il préférait toujours marcher lorsqu'il se rendait en mission, pour se détendre et pour penser aussi à ce qu'il fallait dire, et tenter d'apaiser les tensions. Dire ou ne pas dire, car avec une seule parole, il pouvait mettre le feu aux poudres. Que dire ? Telle était la question. Il ne voulait pas se censurer, mais il ne désirait pas non plus provoquer. Il avait une réunion prévue avec la direction et différentes personnes de l'administration pour parler des mesures de sécurité. Mais c'était compliqué, la sécurité ; il avait trop d'ennemis. Ceux qui étaient visibles, ceux dont il sentait le regard chaque jour, pesant, insistant, inquiétant, et tous les autres, les invisibles, ceux qu'il ne connaissait pas, ou ceux qui avaient croisé son chemin sans qu'il le sache et que sa présence seule dérangeait au point qu'ils chercheraient sans doute à l'éliminer. Il pensait souvent aux autres, à ceux qui s'étaient fait abattre de sang-froid, d'un geste prémédité, sauvage, atroce. En pleine rue ou chez eux, parfois même devant leurs proches, sans que personne ne puisse rien faire pour arrêter ce désastre.

Quand il y pensait, cela le rendait fou. Lui aussi avait pensé à prendre une pause, à faire autre chose. Mais quoi, bon Dieu ! Renoncer serait leur donner la victoire ; renoncer, c'était leur permettre d'instaurer ce régime de terreur auquel il ne se résignerait jamais. Il aimait son métier plus que tout ; c'était une passion, une vocation. C'était sa vie, c'était ce qui l'animait chaque jour, lui donnait envie de se lever, justifiait son existence. Il ne pouvait pas faire autre chose. Il n'aurait pas su. Il avait donc décidé d'affronter l'adversité – et chercher en lui chaque jour les ressources du courage et de la tempérance, de la patience et de l'espoir de jours meilleurs. Son travail lui donnait d'ailleurs la plus belle des gratifications : il comprenait que ce qu'il faisait pour les autres, ce qu'il disait, pouvait faire naître des vocations.

Enfin il arriva, le cœur battant, devant la grille. Il sortit sa carte et entra dans l'enceinte. Il regarda à droite puis à gauche. Il avait appris à le faire : comme un espion, il cherchait les *snipers* embusqués, ceux qui surgissaient au dernier moment et profitaient de la surprise pour abattre le maximum de gens. Tout était calme. Il avança, silencieusement. Il traversa le cloître, monta l'escalier en pierre, emprunta un long couloir rempli de jeunes hommes et de jeunes filles qui parlaient ensemble, comme si de rien n'était, comme si rien ne s'était produit. Alors il sourit de se voir ici parmi eux, pour eux. Et, enfin, il arriva devant la porte de la classe où l'attendaient ses élèves.

« Bonjour, dit-il, je suis votre professeur de français. »

C'est le matin. Vite, il faut se réveiller, s'habiller, préparer les enfants pour l'école, leur servir le petit-déjeuner – des céréales pour la grande et des œufs sur le plat pour le petit, du lait au chocolat –; vite, nous sommes en retard. Allez, dépêchons-nous! Se laver, s'habiller, se brosser les dents. Vite, vérifier les sacs des enfants – puis le mien –, se coiffer. Ah! Oui : le goûter, la bouteille d'eau, les 15 euros pour la coopérative et les 5 euros pour la sortie au cinéma. Vite, prendre les cartables. Zut : les lunettes, encore perdues... Les voilà retrouvées au fond d'une poche. Vite : mettre les gants et les bonnets : il commence à faire froid. Puis sortir en hâte, marcher jusqu'au métro. Descendre les escaliers, prendre place sur des sièges inconfortables. Sonnerie stridente. Les portes de la rame se referment, nous laissant dans cette odeur caractéristique, qui rappelle un peu le plastique, la chaleur et les effluves de tous les passagers. Une odeur familière – celle de l'heure de pointe. Ouf, on est à l'heure. Côte à côte, cartable sur le dos, les enfants bavardent.

« Maman, ce soir on mange quoi?

— Je ne sais pas mon chéri.

— Maman, on fait quoi ce shabbath ? On a des invités ? »

Des gens nous observent. Je sens leur regard sur nous. Des têtes se tournent. Des oreilles se tendent. Je fais signe à ma fille de se taire. Interloquée, ses grands yeux ébahis me dévisagent, maintenant l'interrogation ouverte.

« Alors ? Pourquoi tu réponds pas ?

— Ben oui, renchérit le petit. On a des invités ou pas, pour shabbath ? »

Ils ne comprennent pas que nous devons rester discrets ; qu'il faut éviter de parler de ces choses en public. Ou bien alors, en chuchotant. Que nous ne pouvons pas prononcer certains mots. Je retiens mon souffle. Je leur fais les gros yeux. Mais devant mon silence, ils continuent – et de plus belle. Les questions redoublent lorsqu'on n'y répond pas, comme une faim qui se creuse.

Je botte en touche. « Ah, cette façon de vouloir connaître l'avenir ! Moi aussi j'aimerais bien savoir ce qui va se passer dans les jours prochains, dans les années prochaines, et dans le futur lointain. Toujours, les enfants veulent savoir. Comme quand ils pointent leur doigt pour qu'on leur explique. Puis ils répètent inlassablement : *c'est quoi ?* »

J'essaie de les distraire. Je leur fais remarquer les stations qui défilent, aux noms évocateurs.

Bastille : là où tout a commencé pour nous. Liberté, égalité, fraternité…

Saint-Paul : l'apôtre de l'amour, qui déclarait : « Maintenant donc ces trois choses demeurent : la foi, l'espérance, la charité. »

Châtelet, l'ancienne place de Grève, où, au Moyen Âge, on pendait et clouait les gens au pilori – et où furent brûlés les livres du Talmud après le procès de Saint-Louis, en 1240.

Concorde : où le Roi fut exécuté.

Champs-Élysées-Clémenceau : celui-là même qui a ouvert les colonnes de son journal *L'Aurore* à Zola, et qui a trouvé le titre de son fameux « J'accuse », méritant ainsi les portes des Champs-Élysées, nom du royaume des morts dans la mythologie, et des jardins paradisiaques réservés aux héros et aux âmes vertueuses.

Frank D. Roosevelt : ce président américain qui a libéré l'Europe du nazisme.

George-V : du nom du roi qui eut la vision du retour du peuple juif sur sa terre dès 1880, au cours d'un voyage.

Charles de Gaulle : qui libéra la France des nazis.

Argentine… Pourquoi pas l'Argentine, s'il nous faut partir un jour ?

Esplanade de la Défense. La Défense. Oui, c'est bien le problème. Quelle défense, aujourd'hui ? Comment se défendre ? Que défendre ? Et surtout : comment assurer sa défense, dans un pays où la haine s'exprime jusque dans la rue et dans les métros, où l'on a peur de se montrer ?

Nous arrivons enfin. Nous remontons du souterrain. Mon cœur bat. J'enrage d'en arriver là. Arrivés au grand air, je rassemble mes enfants devant moi, en cellule de crise ; je leur explique la situation.

Quand nous prenons le métro, nous ne devons pas faire allusion au fait que nous sommes juifs. C'est la même chose dans le bus, les taxis, et dans tous les transports en commun. C'est également valable dans les cinémas, les magasins, les parcs et les jardins. C'est vrai dans les aéroports, les gares, les rues, les avenues, sur les routes, et même dans nos propres voitures. Et, plus que partout ailleurs, c'est valable lorsque vous allez à l'école. Enfin, bref, quel que soit l'endroit où nous nous trouvons, nous ne devons rien dire qui puisse révéler notre identité. C'est bien compris ?

Ils me regardent, complètement sidérés. Pour une fois, il n'y a pas de pourquoi. Que dire de plus ?

Ces trois choses demeurent : la foi, l'espérance, la charité.

Il y a vingt ans, je sortais dans la rue avec une étoile de David autour du cou. Il était encore possible d'enseigner la Shoah dans tous les collèges et les lycées. Le Gouvernement et l'Éducation nationale n'avaient pas effacé ce « détail de l'histoire » du programme officiel. Dans les soirées, j'osais aborder le thème d'Israël sans craindre d'être prise à partie plus ou moins violemment. Je pouvais aussi raconter mes vacances dans ce pays sans que l'on me parle de géopolitique, et que l'on donne des leçons de morale, de justice, de politique. Et je lisais les journaux sans que mon regard soit attiré par les faits divers et variés : un enfant juif a été agressé, une dame a été torturée et jetée par la fenêtre, une personnalité juive a été dénoncée comme telle par un rappeur qui a l'habitude de proférer des propos antisémites, et certains partis politiques l'ont soutenu. (Pas la femme juive, le rappeur antisémite.)

Il y a vingt ans, je ne voyais pas apparaître des caricatures dignes des années trente sur Internet, ni des menaces à partir de listes des Juifs de France. Je ne pensais pas entendre un jour scander des slogans antisémites lors de manifestations contre le pass sanitaire – ni à lire sur les murs : « Mort aux Juifs ! » Je ne voyais pas des caricatures du président de la République avec le nez et les doigts crochus. Je n'imaginais pas qu'un commerce soit brûlé ou une synagogue incendiée ou attaquée. Que des manifestations contre les Juifs seraient organisées, dans la violence et la haine. Je croyais en l'éducation et en l'école. Je pensais aussi que l'État tiendrait le pays loin des dérives fascistes. Que le droit et la loi condamneraient l'assassin qui avait sauvagement assassiné la retraitée juive.

Pour moi, la Shoah était incompréhensible. Je me disais : plus jamais ça ! Et surtout, je me demandais : pourquoi les Juifs ne sont-ils pas partis à temps, alors que tant de signes inquiétants les alertaient de la catastrophe imminente ?

Il y a quelques années encore, je ne me savais pas en exil sur ma terre natale. La France était mon pays, ma culture, ma façon d'être et de penser. Il n'était pas envisageable de la quitter. D'y penser sérieusement, de rêver d'une autre vie, de ne plus me projeter ici. De penser et de dire de plus en plus souvent qu'il n'y a pas d'avenir pour un Juif en France. De renoncer. De baisser les bras et de lâcher l'affaire. Il y a vingt ans, juive *et* française, je ne voyais pas le problème. Je ne pensais pas être déchirée par le doute et le questionnement, la colère et le ressentiment. L'agacement, souvent, devant la série des blagues sur la Shoah. Faut-il vraiment en rire ? Faut-il en pleurer ? Faut-il se taire ? Faut-il quitter la salle de spectacle, la soirée, la ville, le pays ?

Le problème est devenu une obsession quotidienne. Juive : un sentiment de malaise et d'angoisse, lorsqu'il s'agit d'expliquer aux enfants qu'il ne faut pas raconter qu'on a passé nos vacances en Israël, qu'il ne faut pas dire qu'on est juifs ; en fait, qu'il faut désormais se taire et accepter ce qui est une condition. On en est arrivé là : il faut se cacher. Il ne faut pas protester. Il faut enlever la *mezouzah* de sa porte et les étoiles de ses yeux. Il faut partir. Autant être expulsé de terre de France, comme douze fois auparavant, en 533, en 633, en 1009, en 1182, en 1254, en 1306, en 1322, en 1394, en 1491, en 1501, en 1615, en 1683 et en 1724 – jusqu'en 1791, où les Juifs, apatrides, devinrent des citoyens français. Et tout ceci bien avant 1941 – date à laquelle eurent lieu les premières rafles et les premières déportations.

Il y a quelques années, ils étaient encore en vie : Sébastien Sellam, Ilan Halimi, Myriam Monsonégo, Arié, Gabriel et Jonathan Sandler, Philippe Braham, Yohan Cohen, Yoav Hattab, François-Michel Saada, Sarah Halimi, Mireille Knoll. Tous morts parce que juifs.

Que s'est-il passé ? Que nous est-il arrivé ? De l'islamisme, de l'acharnement médiatique, de l'antisionisme comme nouvelle forme de l'antisémitisme, sommes-nous devenus les cibles ? Au Moyen Âge, les Juifs étaient accusés d'avoir tué le Christ. Dans les années trente, ils étaient la race inférieure. Aujourd'hui, ils sont Israël. Et ces « territoires perdus de la République » (selon l'expression d'Emmanuel Brenner) sont devenus toute la République, puisque c'est la République qui s'est perdue sur ses territoires. La fièvre antisémite a gagné la société. Vingt ans de compromission, de démission et, comme le dit Michel Houellebecq, de « soumission », nous ont menés à ce désastre. Le discours marquant et sincère du Premier ministre Manuel Valls, le 9 janvier 2016, sa conviction à dire : « sans les Juifs de France, la France ne serait pas la France », est un pansement sur cette plaie, une vérité. « Voir des Français juifs quitter de plus en plus nombreux leur pays, parce qu'ils ne se sentent plus en sécurité, mais aussi parce qu'ils ne se sentent plus compris, parce qu'ils ne se sentent plus à leur place, aurait dû être depuis longtemps, pour nous tous Français, une idée insupportable. »

Je ne suis pas désolée d'être juive. Je suis désolée pour la France.

Elle s'est rendue à une soirée, chez des jeunes de vingt ans comme elle. Elle a bu, elle a dansé, elle a discuté. Et puis, c'est arrivé très naturellement dans la conversation : ils se sont mis à faire des blagues, des plaisanteries. Des rires ont fusé, des regards ironiques, « malaisants » comme on dit. Comme ils disent. Oh, ce n'est pas grand-chose : une petite plaisanterie sur l'argent. « T'es juive, c'est pour ça que t'as une montre chère », « T'as ton taxi qui t'attend, tu prends pas le métro ? », « Et ta famille, ils habitent tous dans le 16 ? »

Elle ne savait pas s'il fallait en rire ou en pleurer. Elle n'a rien dit, elle a senti ses joues rougir ; elle s'est demandé un instant s'il fallait partir, ou rester et se fâcher. Se détendre ou se défendre. Dire quelque chose ou se taire. Mais elle ne voulait pas ajouter du malaise au malaise, alors elle n'a rien dit. Lorsque les regards cruels se sont tournés vers elle, elle a souri bêtement ; elle a détourné les yeux, et puis c'est tout. T'inquiète, se dit-elle, personne n'a vu que tu pleurais à l'intérieur.

Souvent, elle essuie le même genre de remarques dans sa classe. « Tu t'achètes un sandwich, t'as de l'argent ? » En visitant le Mémorial de la Shoah avec sa classe, ses condisciples lui ont dit : « Ça va, la déportée ? » Ce n'est pas bien méchant, ce n'est peut-être même pas méchant du tout. Et c'est cela, le pire. C'est « entré dans les mœurs ». C'est dans la doxa, dans le non-dit, dans l'évidence de l'opinion publique, dans les vannes de tous les jours, dans ce que l'on dit sans même y réfléchir. C'est devenu un impensé. Un automatisme. Les Juifs sont débrouillards, magouilleurs, tricheurs, voleurs, menteurs ; ils ont le pouvoir ; ils tiennent les médias ; les Juifs sont riches.

Les filles baissent la tête, les garçons détournent le regard, tout le monde fait semblant de rien, pour ne pas que ça dégénère, pour sauver les apparences, pour fuir l'évidence, pour montrer qu'on s'en fout, que les Juifs ne sont pas susceptibles en plus de tous leurs défauts, que ce n'est rien, rien qu'une idéologie qui est entrée dans la vie quotidienne, une habitude de langage désormais bien ancrée, un *habitus*, comme dirait Bourdieu, « l'histoire faite corps ». Une question qu'on pose, un trait d'humour.

Et il ne faut pas se vexer puisque, dans le fond, tu sais bien que c'est vrai. Il n'y a que toi pour rentrer en taxi tard le soir quand il n'y a plus de métro, pour t'acheter un sandwich à midi, t'habiller avec des marques, vivre en centre-ville, et te payer une montre à 50 euros. Cela ne choque plus personne, de toutes manières, depuis une dizaine d'années, l'antisémitisme bon teint va bon train. Et il se développe sous forme de l'antisémitisme de socialisation, celui de tous les jours, de bon aloi, serein et patriote, taquin et polyglotte. L'antisémitisme banal, qui se dévoile avec un sourire, qui se développe entre deux bières, qui célèbre la vie et l'amitié, la tolérance, l'antiracisme et la liberté de penser. L'antisémitisme souriant, sympathique et bienveillant. Accueillant, bon enfant, l'antisémitisme qui te paye une bière et te tape dans le dos, qui te fait la bise et qui te propose un ciné, qui vient dîner chez toi et t'invite dans la maison de campagne des parents, qui te *like* et qui te *kiffe*, qui n'a rien contre toi, même si en vrai les Juifs ils ont plein d'argent… L'antisémitisme de cœur, amical, fraternel, adorable : l'antisémitisme *lol*.

C'est juste pour rigoler, on ne s'en étonne plus comme il y a seulement dix ans ; on ne s'en choque plus ; on ne se demande plus si on doit quitter ce foutu pays qui est le nôtre depuis plus longtemps qu'eux. Depuis des siècles, les Juifs ont été chassés plus de dix fois, puis ils sont revenus, et ils ont tout accepté – même l'indicible. Même l'impensable. Et même l'impardonnable. Alors pourquoi pas ce nouveau variant de l'antisémitisme ? On peut bien le supporter avec grâce, courber le dos quand il passe, se vacciner pour la dixième fois – et comme dans *Le Pianiste* de Polanski, danser pour leur faire plaisir après leurs mauvaises blagues. Enfouir au fond de son cœur ce judaïsme pour devenir des marranes, comme dit Georges Bensoussan : n'être plus juif que chez soi, en douce, sans faire trop de bruit, en cachette. Pour ne pas faire de vague.

Le soir, elle se rend au spectacle de ceux qu'on appelle des comiques, ces *stand-ups* hilarants qui finissent toujours par une petite blague sur la Shoah. Ces calembours pleins d'audace qui réjouissent toute la salle – mais pas elle, en fait. Non, elle, elle ne rit pas ; elle ne se lève pas pour leur faire une ovation ; elle est juste glacée quelque part. Cette jeune fille gelée, ma fille, repart le dos courbé, en se disant… Oh ! Elle ne se dit plus rien. Elle s'y habituera, ça fait deux mille ans – l'antisémitisme ? Lol.

C'est un lourd silence. Sans accès à Internet ou aux réseaux mobiles, on ne sait plus rien de ce qui se passe. Instagram, qui est le réseau le plus populaire dans la région, est bloqué – tout comme les réseaux sociaux ou WhatsApp. Les journalistes ont été expulsés, et il n'y a plus guère de reportages ni d'articles. Désormais, tout le monde se tait. Dans ce régime, la terreur tue. C'est comme si tout s'était arrêté, comme si cela n'avait pas existé, comme si ce n'était pas grave. On ne sait plus rien, on n'a plus vraiment accès à ce qui se passe – et le silence a recouvert les visages voilés pour faire taire les femmes avant de les étouffer, de les pendre ou de les lapider. Les autres ne savent rien des horreurs qui se déroulent en secret, à l'insu de tous. On ne sait plus rien et on n'est plus sûr de rien. Que se passe-t-il exactement dans les prisons qui brûlent ? Est-ce que la révolution vaincra ? Est-ce que la répression sera plus forte ? Est-ce qu'il est possible de venir en aide à ces femmes ? Et pour quelle raison personne ne le fait, comme dans les autres pays ?

Mais personne n'entend rien, et personne ne s'étonne de ne rien entendre. Nous n'avons plus de film, plus de photo, plus de communication – alors qu'il y a quelque temps à peine, nous pouvions voir les images stupéfiantes de ces femmes qui manifestaient, qui chantaient parfois, qui enlevaient leurs voiles, qui criaient leur douleur. Et ces photos prises à la volée de celles qui ont brisé le silence, qui ont enlevé leur coiffe au péril de leur vie, qui ont eu l'audace de sortir dans la rue en montrant leurs visages, symboles de leur contestation. Car ce sont les femmes qui ont bravé le régime totalitaire islamiste de l'Iran, dans un courage que les hommes n'ont pas, dans une volonté de changer leur vie et leur société, leur avenir et celles de leurs filles, et aussi dans un désespoir si profond et si amer qu'elles préfèrent la mort plutôt que vivre dans cette société dominée par le fanatisme et l'injustice, la force et la terreur, le mensonge et la répression, dans ce régime qui maintient ses citoyens dans un état de peur perpétuelle, qui les domine par l'emprisonnement, la torture, les massacres, et dicte les comportements par les polices des mœurs.

De temps en temps nous parviennent quelques images, prises de loin, en cachette, rapidement, pas toujours compréhensibles. Des photos floues, quelques textes, des paroles et des événements racontés par des proches, envoyés sur des réseaux parallèles, qui dévoilent l'ampleur et la violence de la répression – le viol étant l'arme de la guerre.

C'est une révolution de jeunes filles. Des belles jeunes filles aux yeux sombres et aux cheveux noirs qui ne veulent plus se cacher, et qui sont arrêtées, emprisonnées, battues, violées, torturées, tuées. Et dans ce silence assourdissant, il faudrait pouvoir entendre leurs cris ; il faudrait pouvoir en parler, et ne pas être complices en le propageant par l'absence de paroles. Il faudrait redoubler d'efforts pour les soutenir afin de ne pas regarder de loin ce massacre de femmes et d'enfants, victimes du régime des mollahs. Il faudrait pouvoir le dire.

« S'ils coupent Internet pour toujours, j'aimerais que mon dernier *post* soit : "Vive la femme, Vive la liberté, Vive l'Iran". » Ce *post* sur Twitter du jeune Hamidreza Rouhi fut son dernier. Il fut assassiné à Téhéran en manifestant pour la femme, pour la liberté, pour l'Iran. On peut voir son visage d'enfant dans « Lettres de Téhéran » – le fil sur Twitter qui rapporte ce que l'on ignore, avec quelques photos et des textes effarants. Des milliers de femmes sont assassinées sauvagement, y compris des petites filles. Et dans cette haine épouvantable, elles sont seules, elles sont loin, elles sont abandonnées, puisque plus personne ne parle, puisque tout est coupé et que tout le monde se tait, puisque l'on n'a plus d'image. Alors il reste les mots et les paroles, et tout ce que l'on peut dire pour que le cri de révolte s'élève si fort qu'il soit entendu même sans Internet, et que la liberté triomphe de la barbarie.

Car nous savons que le silence est ravageur, et l'effacement des crimes fait partie du crime de ces États sanguinaires que l'on connaît trop bien. Les régimes totalitaires font en sorte que l'on ne découvre jamais l'ampleur de la répression qu'ils mènent contre ceux qui osent les défier ; ils agissent dans le secret, dans le silence qui tue. Et le silence mène à l'oubli.

C'est pas sa faute, si cette petite fille a vécu un calvaire ; si cette société est perverse ; si cette femme n'aurait jamais dû être sur son chemin, dans son immeuble, ni dans sa rue, ni dans sa ville, ni dans son pays. À bas bruit, elle a été kidnappée puis torturée. Ange blond martyrisé, aux rêves brisés, aux espoirs chavirés. Profanée, petite Lola, dont les parents sont les gardiens, dont les gardiens sont les parents, que toute la France serre dans ses bras, pleure et regrette, et la France est devenue gardienne de son nom, de sa mémoire et de son visage. Qui ne voudrait remonter le temps et la sauver du désastre ? Qui ne l'a pas tous les jours sur le cœur et dans l'esprit ? L'image de sa beauté, de sa pureté… Ce regard nous hante, nous dit tant de choses, et envahit notre espace mental au point de nous obséder.

Un mois après, ce qui s'est produit reste impossible à envisager, à comprendre, à prévoir, à imaginer. Que s'est-il passé ? Est-ce bien réel ? Est-ce un cauchemar ? Pourrait-on juste cesser d'y croire et avoir la paix ? Comment en est-on arrivé là ? Et pourtant c'est vrai : cette succession de faits, cette femme qui ne devait pas être là, qui n'avait pas le droit d'être là. Et tout ce qu'on sait d'elle, ce qui reste d'elle, c'est qu'il fallait la reconduire à la frontière ; et ce qu'on dit d'elle, c'est qu'elle est SDF, influenceuse, ou folle, ou pas. Et finalement, peut-être sont-ce eux qui sont tous fous ? À moins que la folie ne soit un doux euphémisme, une façon polie de dire son origine, sa nationalité ? On n'ose pas, alors on dit : elle est schizophrène, elle est paranoïaque, elle est évangéliste, elle est sataniste, elle dit des choses qu'on ne comprend pas, elle parle seule ; en fait, elle est tout ce qu'on veut. Elle est le réceptacle de tous nos fantasmes, que nous projetons sur elle. Bref, elle est ce qu'on ne veut pas voir, ce qu'on ne veut pas entendre, ce qu'on ne peut pas comprendre. On peut à peine l'envisager. On est effrayé, saisi par l'horreur, par l'effroi et le néant. On se sent sale, on se sent responsable, on se sent misérable. On se sent triste et désespéré, on tourne en rond, on n'en sort pas. On a besoin d'en parler, de rationaliser, de trouver un ancrage, une raison, une faille ; et on a honte, on a du mal à y penser, et aussi on a du mal à ne pas y penser.

C'est pas sa faute, si elle avait des cheveux blonds et un regard si doux, si envoûtant. Cette expression enfantine, cette simplicité des filles en devenir, des filles femmes, comme une fleur : Lola était Lolita, petite fille du soleil et des rêves, des rêves de collégienne ; elle avait une vie, à travers les réseaux et les influences, elle avait des profs, des matières qu'elle préférait ; elle avait des notes, des devoirs, des emplois du temps et des vacances ; elle avait des airs et des envies, des hauts et des bas ; elle avait la pâleur d'Iseult, la blondeur de ses cheveux, et cette douceur qui lie dans le fond du regard ; elle avait des amis ; elle aimait la musique, peut-être Alizée et peut-être Julien Doré, Bigflo et Oli, Angèle et Clara Luciani ; elle connaissait des chansons par cœur ; elle jouait ; elle gardait quelques poupées de son enfance ; elle sortait ; elle chantait ; elle dansait ; elle avait une famille. Et un pays qui en meurt de tristesse, de colère, d'hébétude et d'impuissance.

Ces mains qui parcourent les touches d'un piano. Cet oiseau qui s'envole. Les éoliennes à travers les vitres du train. Le petit matin sur les rives d'un fleuve. Et ces bras qui entourent l'enfant qui vient de naître. Cette femme qui passe d'une rive à l'autre. Cet homme qui sourit. Ces livres qui arrivent en septembre dans les devantures des librairies : des mots se posent sur les choses non avouées. Ce fleuriste qui parle de philosophie en assemblant des branches : « on a voulu définir l'homme par le sujet, au lieu de le définir par l'être », dit-il. « Résultat, on l'a vidé de son humanité, pour le réduire à des chiffres, des algorithmes et des raisonnements. » Les fleurs s'éveillent, s'ouvrent et se fanent. Une chanson qui nous charme. Et ces cartes postales qui m'arrivent par le journal, qui me remercient et me demandent : « Connaissez-vous Bergson ? » Ces gens qui marchent le matin, la tête penchée, le corps flétri, par petits pas, et ces rides sur mon front, et ces joues qui se creusent.

L'être est en devenir, et c'est tout le paradoxe. Bien sûr que l'on n'est pas cohérent, que l'on se contredit, que l'on change sans cesse d'avis, s'insurge le fleuriste en demandant : « C'est pour vous ou c'est pour offrir ? » C'est pour offrir, en effet, pour me l'offrir, à moi, car c'est ainsi que l'on est. On s'offre un monde, en s'offrant au monde. Les fleurs en sont le symbole : cette beauté inutile et passagère, cette vanité n'est pas un luxe par les temps qui courent, mais une aspiration à un ailleurs. On change, dans ce fleuve incessant de la vie ; et en étant, on voudrait laisser une trace de ce passage. Transmettre, donc. Mais que transmettre ? Et à qui transmettre ? Sinon l'humanité, à l'humanité. Et que dire ? Et que lire ? De ces livres encore présents sur les devantures des librairies, reliques de notre futur passé ? De ces mots qui s'ajoutent à nos vies pour les rendre plus vraies, pour les faire exister. De ces valeurs qui définissent notre rapport à l'autre. De ces azalées blanches, derniers soleils dont se remplit l'été indien avant l'automne, de ces paroles d'amitié qui ont été dites la veille, de ces pas chancelants, sur des jambes droites, maladroites. Et la mélancolie parfois, et cette joie découverte au sein d'un traité de géomètre, dans le cœur aride d'un philosophe, et cet espace urbain qui n'est pas sans poésie ; cet enfant que je ne tiens plus par la main, cette élève sur le chemin de l'école, qui n'est autre que moi naguère, ce fleuriste qui s'absente de tout bouquet, ce fleuve d'espoir, ces lumières que sont les fleurs, et ces fleurs qui illuminent nos intériorités en décorant nos intérieurs.

Soudain, tout se fige. La nouvelle arrive et déchire l'espace et le temps. Elle nous annihile, elle nous déprécie, elle amoindrit notre être, elle rétrécit notre monde ; elle nous déprime, profondément. Par un cri, le monde a basculé vers le chaos, ce chaos organisé et préparé. On aimerait l'oublier, mais il a troué l'espace de la vie. La barbarie a frappé. Encore. Elle a crevé le cœur du monde et nous laisse sans voix. On tente de comprendre pourquoi, on n'y arrive pas ; ceux qui pensent y parvenir disent vraiment n'importe quoi. Mais cette fois, la bêtise et la désinformation ne sont plus acceptables. Toutes les raisons tombent, et surtout celles de la bien-pensance et des donneurs de leçon, du fin fond de leur province confortable, derrière leurs bureaux, qui agitent les conseils et avis respectables, d'une main de maître. Des hommes, des femmes et des enfants sont arrachés à la vie par ceux que personne ne devrait plus défendre, au nom d'aucune valeur. Ils sont démasqués. Le pays en est en sang, et ce pays est plus petit en superficie que la Normandie. C'est la guerre, disent-ils ; mais pourquoi la fait-on avec les enfants ? Contre les enfants ? Je pensais ce temps révolu. On compte les morts, on compte les amis. Pas les amis du pays, mais ceux de la justice, de la vérité et du bien. Que reste-t-il ? Que transmettre désormais et à qui transmettre ? Sinon l'humanité, à l'humanité. De ces azalées blanches, derniers soleils dont se remplit l'été indien avant l'automne, de ces paroles d'amitié qui ont été dites la veille, de ces pas chancelants, sur des jambes droites, maladroites ils ne verront rien. Cette femme qui passe d'une rive à l'autre est blessée. Et nul ne sait où elle va.

Cette histoire a commencé en Perse, au Ve siècle avant l'ère courante, lorsque le roi Assuérus répudia sa femme Vasthi. Il chercha alors une femme dans tout le royaume, choisissant parmi les plus belles filles. Partout, elles se préparèrent pendant un an pour séduire le roi. Mais c'est Esther qui fut choisie ; c'est elle qui fut élue parmi toutes, grâce à sa beauté. La jeune femme avait un oncle, Mardochée, qui la conseillait. Ce dernier eut l'intuition que sa place et son destin de reine pourraient être utiles à son peuple ; c'est la raison pour laquelle il lui conseilla de ne pas révéler qu'elle était juive. Or, Aman, ministre et conseiller du roi, qui détestait les Juifs, parvint à convaincre Assuérus de les tuer – scellant leur sort d'un coup de dés, et choisissant la date fatidique où leur extermination aurait lieu. Ainsi démarre l'histoire dramatique d'Esther, telle qu'elle est racontée dans la Bible et dans la très belle pièce éponyme de Jean Racine :

> On doit de tous les Juifs exterminer la race.
> Au sanguinaire Aman nous sommes tous livrés ;

Les glaives, les couteaux, sont déjà préparés ;
Toute la nation à la fois est proscrite.
[…]
Ses ordres sont donnés, et dans tous ses États,
Le jour fatal est pris pour tant d'assassinats.
Cieux, éclairerez-vous cet horrible carnage ?
Le fer ne connaîtra ni le sexe ni l'âge :
Tout doit servir de proie aux tigres, aux vautours,
Et ce jour effroyable arrive dans dix jours.

Esther saisit cette occasion pour accomplir un acte héroïque, au péril de sa vie. En effet, à l'époque, personne n'avait le droit de se montrer au Roi sans y être expressément invité par lui, et quiconque bravait cet interdit était passible de la peine de mort. En dépit du danger, Esther se présenta devant Assuérus, qui lui tendit son sceptre, lui assurant par là qu'elle aurait la vie sauve. Elle l'invita à un festin en compagnie d'Aman, au cours duquel elle révéla au Roi les funestes desseins de son conseiller : cet homme voulait sa mort ! Elle lui confessa sa judéité, lui dit qu'elle était menacée d'être exterminée si le décret de son conseiller était appliqué. Par amour pour Esther, Assuérus prit son parti et, au lieu de tuer tous les Juifs du royaume, fit pendre Aman, sa femme et ses fils.

Cette histoire, qui se déroule en exil, après que les Juifs furent déportés, est l'histoire fondatrice du judaïsme face à l'antisémitisme, dont les arguments sont les mêmes, invariablement : les Juifs étant les ennemis du genre humain, il faut les exterminer. Le Livre d'Esther est le seul livre de la Bible où n'apparaît pas le nom de Dieu : Dieu lui-même se serait alors caché, mis en retrait. Et c'est pourquoi on dit que le judaïsme commence par ce livre : une affirmation de soi, fondée sur la relation à la transcendance, sous forme d'absence, à travers l'histoire d'un peuple. C'est la raison pour laquelle Esther incarne la foi juive, entre force et fragilité, intégration et identité. Allant jusqu'à mettre sa vie en péril par fidélité à son peuple et à sa culture, elle sacrifie son destin individuel à la survie de son peuple. Avec douceur et détermination, elle agit en préparant un festin. Son charme opère. Délicate mais forte, une main de fer dans un gant de velours. Reine et souveraine, elle parvient à sauver son peuple de l'extermination.

Son histoire est aussi celle d'une quête d'identité. Devenue reine, elle n'oublia jamais son peuple, même s'il fallut que son oncle Mardochée lui parle et fasse pression sur elle pour qu'elle accepte de défendre son peuple. Dans une tirade célèbre, il lui expliqua que ce n'était pas en restant cachée qu'elle se sauverait.

Esther – dont nous fêtons l'histoire à Pourim – est l'ancêtre de tous les Juifs, entre tradition et intégration, entre la vie et la mort, entre la fierté d'appartenir à ce peuple et le retrait, l'assimilation et le silence, entre sa fidélité et d'autres fidélités, la prudence de se taire, et la volonté d'être le héraut d'un peuple toujours calomnié, toujours menacé, toujours fragilisé. Pris à parti, pris entre deux feux, elle voudrait juste se faire oublier, mais jamais ne le peut :

> Quoi ! lorsque vous voyez périr votre patrie,
> Pour quelque chose, Esther, vous comptez votre vie !
> Dieu parle, et d'un mortel vous craignez le courroux !
> Que dis-je ? Votre vie, Esther, est-elle à vous ?
> N'est-elle pas au sang dont vous êtes issue ?
> N'est-elle pas à Dieu dont vous l'avez reçue ?
> Et qui sait, lorsqu'au trône il conduisit vos pas,
> Si pour sauver son peuple, il ne vous gardait pas ?

Devant la porte de la synagogue, les gens s'énervent : ils veulent rentrer et ne comprennent pas pourquoi, cette année, il faut limiter l'accès et vérifier l'identité de chacun. Une voiture a fait le tour à deux reprises, avec au volant un homme arborant une grande calotte blanche et une barbe assez longue. Il a arrêté le moteur, a considéré l'entrée de la synagogue, a croisé le regard de ceux qui venaient prier. Ce n'est peut-être rien, mais dans ce contexte où l'antisémitisme est de retour, disons-le clairement, chacun devient suspect et l'on a peur d'aller prier. Car en priant, on se réunit, et en se réunissant – on l'a compris –, on est en danger.

Je me suis portée volontaire pour assurer la sécurité devant la synagogue. Je viens à la porte pour demander à chacun une pièce d'identité, expliquer à ceux qui ne se sont pas préinscrits qu'ils ne pourront pas rentrer cette année, dire pourquoi. Je ressens cette angoisse de chaque instant : celle d'être là, près de la porte, à faire la sécurité. Je suis devenue un gardien du temple, je ne sais pas pourquoi, peut-être justement car nous sommes en état de guerre, et que chacun doit chercher à se conserver lui-même. Mais il semble bien que le pacte social soit rompu et que tous soient concernés par cette guerre désormais mondiale. Je laisse entrer ceux qui me donnent leur nom, à condition qu'ils soient sur la liste.

Un homme âgé arrive. Il veut rentrer, mais il ne s'est pas inscrit. Un petit bonhomme tout mince, à la peau ridée et aux yeux bleus, qui porte un costume élégant, mais discret, et une canne sur laquelle il s'appuie, dans une démarche hésitante. Et c'est à lui que je dois dire non. Il est pourtant évident que cet individu n'est pas dangereux, qu'il ne fait pas un repérage ni ne prépare quoi que ce soit d'autre qu'une prière. Mais il n'y a pas d'exception, c'est ainsi, c'est une question de principe.

« Je suis désolée, Monsieur, pour des raisons de sécurité, nous ne pouvons pas accepter tout le monde cette année. Nous avons des consignes très strictes et nous devons les respecter.

— Mais cela fait trente ans que je viens ici, proteste-t-il.

— Je suis désolée, Monsieur. C'est impossible.

— Je ne viens que pour une heure.

— *A fortiori*, si vous ne venez que pour une heure ! Venir pour une heure, le jour de

Kippour, depuis trente ans ! Vous ne pouvez pas faire un petit effort ? Vous pourriez venir pour deux heures, puis pour trois, puis, de fil en aiguille, vous en viendriez peut-être à anticiper la chose et à vous inscrire, comme tout le monde ! Le jour de Kippour, c'est le jour le plus solennel et le plus important de l'année. Le jour de Kippour, c'est le jour du Grand Pardon, où l'on tente de réfléchir à ce que nous avons fait cette année, afin d'améliorer notre comportement. C'est, en quelque sorte, au-delà de la religion.

— C'est le seul jour où je viens à la synagogue.

— Je le regrette pour vous, Monsieur. Je regrette infiniment. Car les autres jours, nous avons d'autres fêtes, et nous lisons la Bible.

— Je dois rentrer aujourd'hui, c'est important pour moi. »

Le vieux Monsieur réfléchit, puis il sort son porte-cartes.

« J'ai quelque chose qui pourrait peut-être vous convaincre de me laisser entrer. »

Ce n'est pas possible, me dis-je, il va sortir un billet ? Pourquoi pas sa carte bleue, tant qu'il y est. J'ai honte. Je ne sais plus quoi faire.

« N'en faites rien ! Pas d'argent, je vous en prie ! Le jour de Kippour ! Rangez votre portefeuille et rentrez chez vous, s'il vous plaît. »

Et c'est alors que je le vois en train d'extraire une carte Senior qu'il me tend, tout en l'ouvrant précautionneusement, d'une main agitée de tremblements, et avec une grande émotion, il me tend une étoile : une étoile jaune, à la peinture passée sur le tissu rêche, et sur laquelle est inscrit : « Juif ». Mon cœur fait un bond dans ma poitrine. Je suis parcourue de frissons. Une véritable étoile jaune qui date de 1942. Pauvre étoile, âpre et rêche, fragile étoile, au tissu résistant, quatre-vingt ans après les événements. Au moins est-elle étoile, et les étoiles, c'est ce qui nous fait rêver. Au moins est-elle jaune, et le jaune, c'est la couleur de l'or. Aujourd'hui on n'a plus besoin d'étoile pour nous identifier, car nous avons des noms, des quartiers et un pays, Israël. Inscrite sur nos fronts de Juifs expulsés, l'étoile est sur notre tête, dans nos yeux, et dans notre rêve d'un autre monde, d'un monde meilleur. Et pourtant aujourd'hui je voudrais me saisir de cette étoile et marcher dans la rue en arborant fièrement ce symbole de l'opprobre et de la discrimination, pour dire : « nous sommes toujours là ! »

« Je la portais, dit le Monsieur, lorsque j'avais dix ans. Mes parents sont morts à Auschwitz. Et tous les ans à Kippour, je viens prier pour eux.

— Par ici, Monsieur, dis-je. Veuillez entrer, s'il vous plaît.

Son regard s'éclaire, tout comme le sourire qui illumine son visage.

— C'est bien la première fois que mon étoile jaune me donne le droit d'entrer quelque part ! »

Au mois de décembre, pendant huit jours, nous allumons les bougies de Hanouka afin de nous souvenir d'un fait marquant : l'histoire des Maccabées qui eut lieu il y a deux mille ans, lorsque la terre d'Israël fut envahie par le peuple des Séleucides, que gouvernait le roi Antiochus III, roi de Syrie, entre 222 et 186 avant Jésus.

La dynastie séleucide, qui régnait sur une partie de l'Asie dans un régime de royauté absolu et tyrannique associé à un culte de la personnalité, imposa une hellénisation forcée du royaume. Le roi Antiochus prit possession du Temple, le consacra à Baalshamin, vénéré en Égypte et à Rome, dieu des cieux phénicien, chef des déités, prince et maître de la terre, de la pluie et de la rosée, qui s'imposa selon la mythologie après avoir combattu Mot, dieu de la mort, de la stérilité et de la sécheresse. Antiochus, en plus du culte de Baalshamin, imposa une persécution du peuple juif : on commença par des autodafés de la Torah, puis, voulant abolir le judaïsme, on décida de massacrer les Juifs, de les torturer, de les terrifier. Les Séleucides empêchèrent alors les Juifs de respecter leurs rites, brûlèrent les hommes et les rouleaux, et souillèrent le Temple de Jérusalem. Jusqu'au jour où un prêtre du nom de Matityahou et ses fils se révoltèrent contre les officiers et les soldats syriens, et soulevèrent une armée depuis les collines de Judée. On les appela les « Maccabées », selon les initiales : « *Mi Kamokha Baélim Hachem* » (« qui est comme Toi parmi les puissants, ô Dieu ! »). C'était une contestation ouverte de Baalshamin. Animés par un désir de révolte et de libération tout autant que par une volonté de rétablir la tradition juive, ils prirent les armes contre la puissante armée séleucide, qu'ils réussirent à vaincre. Ils libérèrent Jérusalem et le Temple.

Le premier acte symbolique de la victoire fut d'allumer la Ménorah au sein du temple, et miracle, ils trouvèrent une petite cruche d'huile d'olive pure qui dura huit jours. La Ménorah était placée dans le Temple devant le Saint-des-Saints, l'endroit le plus sacré, où le grand prêtre se rendait le jour du Kippour. Il en allumait les sept branches chaque jour et elle brûlait toute la nuit pour symboliser la lumière Divine.

À chaque fois que j'allume les bougies de Hanouka au plus sombre de l'hiver, je me réchauffe à leur lumière particulière. Les flammes des bougies ne sont pas comme les ampoules. Elles floutent le réel et l'entourent d'un halo. Elles rassemblent, elles colorent le monde et leurs reflets dorés dansent sur les visages. Tout devient beau, comme dans un tableau – et nostalgique, irréel, immatériel. La maison devient alors un temple. Son espace chargé de symboles et de rites devient sacré.

Et je me dis que la Ménorah porte les flammes vacillantes de l'identité juive : une lumière dans la nuit. Le mot *ménorah* signifie « qui vient de la flamme », cette flamme éternelle du peuple juif, et son espérance dans la libération prochaine et la venue du Messie. Comme le dit le prophète Zacharie (4, 1-14) : « L'ange qui me parlait est revenu, et il m'a réveillé comme un homme que l'on réveille de son sommeil. Il m'a dit : "Que vois-tu ?" J'ai répondu : "Je regarde, et je vois un chandelier tout en or, surmonté d'un réservoir et portant sept lampes, avec sept conduits pour les lampes qui sont à son sommet. Près de lui se trouvent deux oliviers, l'un à la droite du réservoir et l'autre à sa gauche." »

La Ménorah du Temple a disparu après l'exil de Babylone, si bien qu'on ne l'a jamais retrouvée. Le Temple fut pillé par les Romains – et la Ménorah pourrait se trouver parmi les objets emportés à Rome, dans le butin de Titus après le siège de Jérusalem en 70, comme en témoigne le célèbre bas-relief où elle est représentée, avec les Romains et les exilés qui la transportent. Mais on a perdu sa trace. Certains textes évoquent son possible vol par les Vandales ou son convoi vers Constantinople. Nul ne sait.

Quant au dieu des cieux Baalshamin, on lui érigea un temple à Palmyre en Syrie, qui fut agrandi et embelli par l'empereur romain Hadrien, qui exerça une domination non moins féroce sur le peuple juif en sa terre. Le 23 août 2015, le temple de Baalshamin fut détruit par l'État islamique, et plus personne ne vénère le dieu des cieux. La Ménorah ne brûle plus au sein du Temple de Jérusalem, car la mosquée Al Aqsa est construite sur son emplacement. Mais la Ménorah à huit branches, celle de Hanouka, synecdoque du Temple et symbole de la lutte des Maccabées pour la survie du peuple juif, continue de s'allumer chaque soir dans tous les foyers juifs. À Hanouka, dans tous les pays où vivent les Juifs, pendant huit nuits, elle éclaire le monde de ses flammes vacillantes. Petite lumière dans la nuit ?

À chaque rentrée scolaire, nous faisons face à une crise sans précédent en France – comme dans bien d'autres pays : rares sont ceux qui veulent devenir professeurs. Le plus beau métier du monde rebute tout le monde, car il n'est ni valorisé, ni encouragé. Les professeurs ont des salaires misérables, ils sont chahutés en classe, quand ils ne sont pas conspués ou agressés.

Mes parents étaient enseignants. Ma mère, professeur de psychologie clinique, et mon père, professeur de philosophie et de Talmud. Tous deux ont consacré leur vie à leurs élèves, avec une mission qui dépassait tout : celle de transmettre. Mon père n'avait pas son pareil pour enseigner la philosophie, la rendre vivante et actuelle. Grand pédagogue, orateur, philosophe dans l'âme, il a changé la vie de ses élèves. Ma mère, psychologue clinicienne, linguiste, psychanalyste, est douée d'une mémoire et d'une intelligence sans faille et a un sens aigu de la transmission. Pour elle, c'est comme une seconde nature. Elle est adorée de ses élèves, et nombreux sont ceux qui me disent encore aujourd'hui avoir été marqués à vie par son enseignement.

Pendant toute mon enfance, j'ai vu mes parents travailler nuit et jour : pendant les vacances, ils préparaient leurs cours, leurs articles et leurs thèses. Pendant l'année aussi, ils corrigeaient les copies, les mémoires et les thèses des élèves. Ils donnaient leurs cours, allaient à des colloques, des conférences, siégeaient dans des comités académiques.

Mes parents enseignants m'ont ouvert un monde. Ils m'ont ouvert le monde. Adolescente, j'ai eu la chance d'avoir des professeurs qui ont poursuivi cette voie. Norbert Engel fit naître en moi l'amour de la littérature, de la philosophie; c'est lui qui me donna l'envie d'écrire. Christophe Régnier, véritable Socrate et accoucheur d'esprit que j'eus la chance d'avoir en hypokhâgne, est un grand maître de la philosophie qui a changé ma vie à jamais.

Et c'est ainsi que j'ai voulu moi aussi embrasser la carrière de ces héros de la pensée. C'était une évidence : je n'envisageais pas d'autre carrière que celle d'enseigner. J'ai suivi leur voie, j'ai fait des études de philosophie, j'ai marché dans leurs pas; j'ai enseigné comme eux, et je suis devenue professeur.

J'ai compris alors que le temps de l'enseignement était beaucoup plus que le temps où l'on enseigne. Il comprend bien sûr les heures passées à préparer les cours, celles à corriger les copies, celles à se former pour pouvoir renouveler son enseignement. Mais enseigner est une vocation : plus qu'un métier, c'est parfois un sacerdoce, une mission. N'importe qui ne peut pas devenir professeur. Il faut avoir le niveau intellectuel et moral, ainsi que le désir de transmettre. Il faut aussi un sacré courage pour se retrouver devant une classe, se donner comme défi de l'intéresser pendant une heure ou deux. À l'heure où les textes et les lettres ne pèsent guère face aux images, aux vidéos courtes, aux *stories* Instagram, aux SMS et au flux des notifications, c'est évidemment un défi de taille. Il faut de l'intelligence, du cœur et de la patience. Il faut aimer l'art et la culture et savoir en parler; il faut de la passion et de l'autorité, une âme d'enfant dans un corps de maître. Il faut se sacrifier, souvent souffrir – et parfois être aussi heureux qu'on peut l'être sur terre lorsqu'on voit la flamme grandir ne serait-ce qu'une fois dans les yeux d'un élève. Cette petite lueur, c'est la récompense suprême, la gloire de l'enseignant. C'est comme donner une seconde naissance à un enfant. La question qui surgit, le regard qui s'éclaire, sur un mot, une idée, une leçon, c'est le monde qui s'ouvre.

Lorsqu'Emmanuel Macron a été élu lors de son premier mandat, les espoirs étaient grands, le président étant l'époux d'une enseignante. On parlait d'éducation, on parlait de roman national, on évoquait la philosophie de Paul Ricœur et sa réflexion sur la transmission. Mais qui va la narrer, l'histoire de notre pays, si ce ne sont les professeurs ? Je crois, aujourd'hui où la lecture est presque en passe de disparaître au profit des courtes vidéos et des images, je crois plus que jamais dans la transmission orale – celle qui vit et celle qui vibre. Celle de mes maîtres habités par la pensée, qui m'ont captivée par leurs paroles, qui m'ont passionnée.

Sans transmission orale du savoir par les hommes, il n'y aura plus d'hommes. Les professeurs éduquent nos enfants : ils sont les piliers du passé, les phares du futur. Ils sont les passeurs sans lesquels la vie n'a pas de sens.

T'inquiète, en abrégé : tkt. Pourquoi cette expression ponctue-t-elle les phrases et les textos ? Pourquoi cette expression envahit-elle plusieurs fois par jour nos conversations ? *T'inquiète* : cela signifie « ne t'angoisse pas », « ne stresse pas », « ne me stresse pas », « fous-moi la paix », « laisse-moi vivre », « ne sois pas sur mon dos, à me dire ce qu'il faut faire, ce que je dois manger et ne pas manger, quand je dois me lever, et si je dois travailler, que je mette un masque pour sortir, ou pour rentrer, ou les deux, ou pas du tout, et quand je dois me laver les mains avec du gel hydroalcoolique et réussir tous mes examens, ranger ma chambre et bien me comporter envers mes parents, mes grands-parents et mes voisins, et surtout pour tout cela et pour tout le reste, surtout ne me mets pas la pression ». Malgré cet avenir incertain, malgré la peur du quotidien, et tout ce qui arrive, et tout ce qui me guette, malgré tout ce qui m'empêche au fond de moi de faire la fête, et malgré ce qui va me tomber sur la tête.

Dans cette société violente et perverse, « t'inquiète » résonne comme un talisman pour conjurer le mauvais sort. Éloigner le mauvais œil, répudier tous les fous, schizophrènes, paranoïaques, satanistes, fanatiques, islamistes, terroristes. Face à l'oppression : « t'inquiète ». Face à la délinquance : « t'inquiète ». Face aux crimes de toutes sortes, au terrorisme et aux horreurs : « t'inquiète ». Pourtant cette guerre qui fait rage en Ukraine, et qui tous les jours ne fait qu'empirer, cette troisième guerre mondiale et nucléaire qui nous menace – et ce n'est pas du catastrophisme que d'y penser, ce n'est pas un cauchemar, ni un film : c'est tous les jours dans les journaux et à la télé. Et les bombes qui explosent partout dans le monde, et tous les conflits en Afrique dont on ne parle pas, ces 80 millions de personnes déplacées, et la famine qui dévaste des centaines de pays, et les Amériques, celle du Nord, celle du Sud ravagées, et toutes ces démocraties qui ne le sont pas, et l'extrême droite qui revient, et cette économie qui va mal, et la crise qui s'aggrave, et les pauvres qui s'appauvrissent et les riches qui deviennent encore plus riches. Les intempéries, les orages, les cataclysmes, les tornades, les tsunamis, le temps qui se réchauffe, la pollution qui détruit la planète, le dérèglement climatique dont les effets sont palpables, réels et quotidiens. Et les pandémies, le covid et ses variants, ces centaines de milliers de morts, et les prochains qui arrivent, avant les prochaines pandémies, comme un cycle infernal dont on ne sortirait pas. Et nos vies rythmées au gré des catastrophes annoncées par les notifications, les réseaux et les chaînes d'actualité où l'on ne fait plus qu'en parler, en parler, et en parler. Devant le grand désastre écologique qui s'annonce, et qui n'est rien de moins que la fin du monde. Et ce traumatisme qui envahit toute la société dans une angoisse collective, où il n'y aurait rien à faire, rien à faire d'autre que de ne pas s'inquiéter.

T'inquiète : c'est une conjuration contre les conspirations. C'est un mot d'ordre, c'est une attitude, presque une habitude. T'inquiète, cela signifie « ne regarde pas », « ne vois pas », « n'entends pas », « ne comprends pas », « ne sois pas effrayé, saisi par l'horreur, par l'effroi et le néant ». T'inquiète : « ne te sens pas responsable, misérable, triste et désespéré » ; « ne tourne pas en rond, n'en parle pas, arrête de rationaliser, de trouver un ancrage, une raison, une faille, n'aie pas peur » ; en somme « n'y pense pas ».

Et à travers ta vie de collégienne, reste une petite fille du soleil et des rêves, des réseaux et des influences, dans le monde sacré de l'enfance, des maîtresses et des professeurs. T'inquiète des notes, des devoirs, des emplois du temps, des choses qu'il faut faire et de celles qu'il ne faut pas dire. Au milieu de ce monde fou, garde cette douceur qui se lit dans le fond de ton regard, tes amis, la musique, les chansons que tu connais par cœur, joue, garde quelques souvenirs de son enfance, chante, danse, ris, ouvre les bras dans ce bel aujourd'hui.

Devant ce monde qui crève devant toi, de violence, de tristesse, de colère, d'hébétude et d'impuissance, *t'inquiète*, c'est ton expression favorite, car c'est ta survie.

« En vrai », toutes ses phrases commencent ainsi. Je demande à ma fille : « Tu vas à la piscine ? » Elle me répond : « En vrai je vais y aller, mais pas maintenant. » « Tu as fini ton travail ? » « En vrai, j'ai commencé, mais j'ai pas fini. » « Tu pars où en vacances ? » « En vrai, j'ai pas encore décidé, je cherche un stage et je vais voir avec mes copines qui n'ont pas trop d'argent. »

En vrai… Et pourquoi pas « en faux » ? « En vrai », car c'est la vérité qu'elle recherche. Elle sait déjà tout. Du désastre écologique qui menace la planète et son quotidien, de la crise économique qui n'est plus cyclique, de l'inflation qui rend la vie dure. « En vrai » : elle est consciente. Plus que ses parents, qui lui ont servi leurs mensonges, leur prétendu amour dévasté par la haine, et cette hypocrisie qui veut partager les enfants en deux parts bien égales au nom de leur intérêt supérieur. Du ravage de la planète par les carburants, des polluants, des pesticides, des élevages intensifs, des hormones, des pêches abusives et des batteries de poulets qui ne voient pas la lumière du jour, elle a pris la part, son militantisme n'est ni jeune ni désinvolte, il n'est pas une posture, sa révolte est réelle, dans ce monde apocalyptique dont on ne cesse de répéter qu'il tire bientôt à sa fin. « En vrai » : elle aime cette planète Terre, qu'elle habille de ses rires et de ses prostrations, de ses rêves et de ses angoisses, de ses courses et de ses fuites ; elle est remplie de doutes qu'elle cache par d'ardentes certitudes dérivées des nôtres : l'antiracisme, le respect de l'autre quel qu'il soit, le féminisme, le « genre », tous les concepts de Mai 68 devenus ses idéaux, parfois ses dogmes.

Nos enfants, nos héritiers, notre progéniture, sont nos créatures nées de ce que nous leur avons enseigné avec notre esprit critique : que l'identité se construit, qu'elle s'affirme et se respecte, que toutes les idéologies sont relatives, que tout se vaut en somme et qu'il faut plutôt transformer le monde que l'interpréter, agir pour éviter d'être dominé, mais où est la vérité, dans ce monde qui bouge et ces identités floues ?

Nous avons péché, nous avons prêché, nous n'avons rien fait. Si elle recherche la vérité, ma fille, c'est parce qu'elle est plus pure, plus sûre, plus dure que moi, qui à son âge n'étais ni engagée, ni enragée, ni active, ni consciente de ce qui se passait autour de moi – sauf à trouver son chemin dans l'humanitaire et dans l'associatif afin d'agir au lieu de commenter, afin de nourrir au lieu de consommer, afin de réagir pour ne pas s'écraser. « En vrai », elle voudrait réussir, elle n'est pas contre le fait de travailler, si on lui propose des cours enrichissants, si ses professeurs l'intéressent, elle se montre passionnée, elle aime apprendre, comprendre et écouter, elle a sa culture et ses idées, ses références aussi et celles qu'elle n'a pas, mais peu importe après tout. Enfant du divorce, elle a traversé les crises, sa vie n'est pas un long fleuve tranquille, et si elle croit en l'amour, le vrai, c'est parce qu'elle n'a pas renoncé devant le spectacle désolant de ses proches, parents de l'erreur et de la fausseté, du mensonge et de l'égoïsme : nous avons passé la moitié de notre vie à gravir une échelle adossée à un mur, puis la deuxième moitié à comprendre que ce n'était pas le bon mur, comme le dit C. G. Jung. Nous nous sommes crus heureux, nous nous sommes montrés amoureux, nous avons foncé tête baissée vers l'horizon, avant de nous apercevoir que ce n'était qu'un mirage né de notre imagination, de notre désir de nous abreuver dans le désert de nos vides, et tout ce que nous avons trouvé, c'était l'amour.

En vrai, elle s'en fout : elle grandit, passe d'un appartement à un autre, d'une rive à l'autre, d'une ville à l'autre, avec son bac, sa licence et son master, elle aligne les notes et empile les diplômes, elle se cherche parmi ceux qui font leur droit, découvrent l'histoire, la géographie, les sciences politiques, les sciences sociales, les sciences expérimentales, les sciences physiques, numériques, informatiques et mathématiques. Le soir, elle sort, elle danse et quand elle n'en peut plus de ce monde verrouillé, elle rentre et s'évade devant Kim Kardashian et sa vie de rêve, et toutes celles qui incarnent les faux-semblants. Elle le sait, elle connaît bien les leurres, elle n'est pas un lapin crétin de trois jours qui sème des milliers de données au gré de ses traversées nocturnes. Elle aime ses amis virtuels et ses amis réels, et veille sur les siens avec sollicitude, elle respecte ses grands-parents et aime contenter ses parents. En vrai, elle se tient debout. Sincère, d'une honnêteté sans faille, d'une logique implacable, elle veut faire le bien et sauver la planète, ou pas. Mais elle est responsable. Elle ne veut pas se mentir, elle ne veut pas qu'on lui raconte des histoires, même pas dans les romans, et surtout pas dans la vie. « En vrai »… Petite môme, c'est toi qui es vraie.

Le monde surchauffe, la planète souffre. Est-il encore temps de réparer nos méfaits, d'aimer la terre et de célébrer la nature ?

Entre toutes les fêtes juives, j'aime particulièrement cette fête méconnue, la petite oubliée du mois de janvier, la discrète, la timide, celle qui au cœur de l'hiver ne fait pas de bruit, celle dont on parle peu, inconnue du grand public, la modeste, celle dont on ne connaît même pas le nom, ni l'existence, ni l'importance, celle que l'on néglige même, pensant qu'elle est moins essentielle. Celle qui célèbre les arbres et les plantes.

Pourquoi aimé-je tant cette petite fête ? Est-ce parce que je suis née en janvier ? Parce que je suis végétarienne ? Je ne sais pas. Mais chaque année, je célèbre Tou Bichevat, « le 15 du mois hébraïque de Chevat » – cette petite fête qui chante le renouveau de la nature, des arbres et des fruits de la terre. Fête simple et gaie, fête de la renaissance, Tou Bichevat est avant tout une célébration gustative puisqu'il est prescrit de manger des fruits, et rien d'autre ; pas de jeûne, pas d'agape, pas de synagogue, ni de grand pardon, pas de jours chômés, juste la dégustation de 15 fruits, dont ceux que l'on appelle « les sept fruits d'Israël » : olives, dattes, raisins, figues et grenades, blé et orge, grâce auxquels il est possible de subsister, car l'on en trouve même au cœur du désert. Ces mets naturels sont dégustés après une bénédiction qui permet de rappeler leur importance et leur provenance de l'arbre, dont l'homme doit prendre soin avant l'approche du printemps et du renouveau de la nature. C'est le moment où l'on taille les plantes afin qu'elles puissent repousser, grandir et donner leur nourriture à l'homme. C'est le moment où la nature bourgeonne.

Dans la Bible, l'analogie est faite entre l'arbre et l'homme qui se dresse à partir de ses racines : il ne peut s'élancer vers le ciel et nourrir le monde de ses œuvres que s'il est ancré dans la terre. L'homme est comparé à l'arbre des champs (Deutéronome 20,19) ; il fait partie de la nature, tout en étant le chef d'orchestre, le démiurge et le maître qui peut choisir de l'épuiser, de la sacrifier en la consommant à outrance et finir par la détruire, ou bien la faire fructifier, vivre et persévérer en ayant un rapport respectueux au monde, c'est-à-dire en prenant soin des fruits de la terre, en respectant le rythme des arbres et du renouvellement des saisons. Par exemple, la loi de « la Chemita ordonne de laisser reposer » la terre tous les sept ans avant de la réensemencer. Ou encore, il est interdit de détruire les arbres en temps de guerre : « Si tu es arrêté longtemps au siège d'une ville que tu attaques pour t'en rendre maître, tu ne dois cependant pas en détruire les arbres en portant sur eux la frappe : ce sont eux qui te nourrissent, tu ne dois pas les abattre. Oui, l'arbre du champ est l'homme même, tu l'épargneras dans les travaux du siège » (Deutéronome, 20).

À l'inverse d'autres fêtes qui commémorent des événements historiques, Tou Bichevat la discrète ne célèbre que les arbres. Étrangement, je la mets en rapport avec Yom Kippour qui ne sanctifie que le pardon, car cette célébration n'est pas non plus rattachée à un événement particulier. C'est aussi un peu le pardon que nous devons demander à la nature et au monde pour ne pas les avoir respectés. Et c'est pourquoi je suis frappée par son actualité, même si elle est ancestrale. Elle nous enseigne depuis des millénaires qu'il est essentiel de prendre soin de la terre, car sans la terre, l'avenir du monde est compromis et donc celui de l'homme également. C'est pourquoi Tou Bichevat est la fête la plus écologique et la plus universelle, qui s'adresse à tous. C'est une fête messianique qui porte un message essentiel. Il ne s'agit de rien de moins que du sort et du destin de l'être humain dans le monde. Ainsi cette fête discrète est-elle aussi importante que les autres, car elle est la condition de la survie de l'espèce humaine. Comme le rappelle Esaïe, le poète inspiré et mystique qui a le mieux décrit les temps messianiques : « Je mettrai dans le désert le cèdre, l'acacia, le myrte et l'olivier. Je mettrai dans les lieux stériles le cyprès, l'orme et le buis, tous ensemble. Afin qu'ils voient, qu'ils sachent, qu'ils observent et considèrent que la main de l'Éternel a fait ces choses, que le Dieu d'Israël en est l'auteur. »

Jésus a dit : « Le shabbath est fait pour l'homme, et non pas l'homme pour le shabbath[10]. »

Le shabbath, quatrième commandement, est le point d'orgue de la semaine, où l'on se repose et l'on se consacre à la prière, à la famille et aux amis – sans transformer le monde. Comme le dit l'Exode 20:8-11 : « Souviens-toi du jour du repos, pour le sanctifier. Tu travailleras six jours, et tu feras tout ton ouvrage. Mais le septième jour est le jour du repos de l'Éternel, ton Dieu : tu ne feras aucun ouvrage, ni toi, ni ton fils, ni ta fille, ni ton serviteur, ni ta servante, ni ton bétail, ni l'étranger qui est dans tes portes. Car en six jours l'Éternel a fait les cieux, la terre et la mer, et tout ce qui y est contenu, et il s'est reposé le septième jour : c'est pourquoi l'Éternel a béni le jour du repos et l'a sanctifié. » Le jour du shabbath, on n'a pas le droit de cuisiner, d'allumer la lumière, ni de travailler. Ce jour saint, dont vient le dimanche pour les chrétiens, est le jour

10. Marc 2, 23-28.

supérieur de la paix de l'âme et de l'esprit. C'est aussi le moment où la famille se retrouve. Il commence la veille au soir par l'allumage des deux bougies, symboles du shabbath. Puis vient la prière et le repas du soir, avec le vin et les deux pains, sur la table dressée, recouverte d'une nappe blanche. Le samedi, les croyants prient et procèdent à la lecture de la Torah, avant d'écouter le sermon du rabbin.

Je me souviens d'un shabbath particulier où, à la synagogue, j'avais eu la joie et l'honneur d'entendre les paroles du grand rabbin Gilles Bernheim. Dans son commentaire de la péricope, il expliquait que ce que l'on appelle le « repos de Dieu » n'avait rien à voir avec le repos de l'homme : quel besoin Dieu aurait-il de se reposer, même après la création du monde ? Cette cessation était en fait, disait-il, le symbole de son retrait du monde, afin que l'homme fût libre, et donc pleinement humain. Tel est le sens métaphysique profond du shabbath. De fait, pendant un jour entier, l'homme doit prendre le temps de se consacrer à l'autre. C'est en ce sens que le shabbath est fait pour l'homme, et non pas l'homme pour le shabbath : pour organiser les conditions de la vie en commun, avec les autres, d'une façon privilégiée. Dans ce but, l'homme s'arrête d'allumer la lumière, de répondre au téléphone, de prendre la voiture, d'actionner l'électricité, de voyager, d'écrire, de faire des achats, bref de transformer un objet d'un état à un autre. La vie n'est alors plus rythmée par la sonnerie du téléphone portable, qui me rappelle sans cesse au monde. Pour que le temps s'arrête, pour que son espace ne soit pas perturbé, pour concevoir la décroissance, il faut l'organiser. Se placer en dehors du monde économique, social, professionnel, et d'une façon radicale, couper les portables, les ordinateurs, pour s'installer dans le monde du sens, l'habiter, sans être entre deux feux, deux appels, trois SMS, un groupe WhatsApp…

Dans la modernité, nous ne sommes jamais là où nous sommes. Faire une retraite spirituelle, faire de sa maison un sanctuaire, un espace sacré, un temple, faire de sa table un festin, est un luxe qui se prépare et qui permet, en un sens, de sauver son âme. Ce jour où je ne suis pas « joignable », je suis entièrement à ce que je fais. Je peux lire, déjeuner en famille ou avec des amis, parler, être avec les gens que j'aime. Je ne me consacre à rien, ni aux courses, ni à la cuisine, ni au travail. Je m'arrête, je marque une pause, je romps le cours du temps et son accélération qui est devenue notre servitude… Et pendant un jour, tout se fige. En étant constamment connectés au monde extérieur par mail ou téléphone portable, nous ne nous retrouvons jamais face à nous-mêmes, à ne rien faire, dans une chambre à soi, à penser, à prendre du recul, à faire en sorte que le temps s'arrête.

Les enfants, eux aussi, le vivent, autant comme une contrainte que comme une joie. Ils se retrouvent ensemble, se prêtent aux conversations, se remettent à jouer aux jeux de société, à déjeuner longtemps, et parfois à lire. À se promener, sans but précis. Un jour sans portable leur permet de soigner leur addiction et de retrouver une forme d'humanité. Ils respirent, ils revivent, ils reviennent. Ils retrouvent la maison. Ils sortent du monde de la consommation, ils cessent d'être objets de convoitise du capitalisme spéculaire. Se réveiller, s'endormir, sans avoir regardé son portable : qui le ferait aujourd'hui, sans le shabbath ? Le dernier contact avant la nuit est humain, le premier aussi. Les enfants, le travail, les mille nécessités du quotidien sont autant de pressions qui nous dévorent et font de notre existence une succession de moments sans repos, sans arrêt, sans soupir. Je travaille, je gagne de l'argent, je peine, je recommence : chaque jour, il faut gagner sa vie. Comme l'a également dit Jésus, « qui veut sauver sa vie la perdra[11] ». Cette phrase définit selon moi le sens même du shabbath.

---

11. Luc 17, 33.

L'être humain est sans doute libre, au sens où il est membre de la seule espèce qui n'est pas totalement génétiquement programmée. Pour autant, il n'accède à l'humanité qu'à travers la Loi, symbolisée par les dix paroles (les dix commandements), reçus par Moïse sur le Mont Sinaï.

Chavouoth (mot qui en hébreu signifie « les semaines ») est la Pentecôte juive ; cette fête célèbre la réception de la Torah sur le Mont Sinaï. Cette fête a lieu quarante jours après Pessah, qui symbolisent les quarante ans d'errance dans le désert, entre la sortie d'Égypte et la réception des Tables de la Loi par le peuple d'Israël : point culminant de l'histoire juive où le prophète Moïse révéla à son peuple les Dix Commandements – ou plutôt les « dix paroles » – après l'avoir libéré. C'est la raison pour laquelle cette fête débute avec une veillée d'étude : pendant une nuit, on se réunit pour étudier un passage de la Torah ou du Talmud jusqu'à l'aube.

Dans mon enfance, j'ai vécu des Chavouoth dans la communauté juive de Strasbourg, avec mon père qui enseignait le Talmud pendant toute la nuit à ses disciples et aux gens de la communauté, à commenter les Dix Paroles, comme le fameux « tu respecteras ton père et ta mère ». Le respect des aïeux se fait aussi autour de cette longue veillée avec les jeunes et les vieux, les hommes et les femmes de tout âge, de toute profession, rassemblés dans une atmosphère d'écoute et de recueillement. Plus la nuit avançait, plus le maître se révélait, et les disciples aussi, car certains, pris de fatigue, dodelinaient de la tête, d'autres s'en allaient, terrassés par la fatigue. Au milieu de la nuit on prenait du thé et des gâteaux, avant de reprendre l'étude jusqu'au petit jour.

Lorsque Moïse descendit avec les Tables de la Loi où étaient gravés les principes suprêmes fondateurs de la morale, il ne fut pas bien accueilli par son peuple, qui avait fait un veau d'or. « Tu ne voleras point, tu ne commettras point d'adultère, tu ne convoiteras pas le bien d'autrui, tu ne porteras pas de faux témoignage », entendirent-ils. Ils préféraient l'idole resplendissante, faite des bijoux rapportés d'Égypte, à ces tables de pierre trop pesantes, qui se brisèrent de dépit. Ne faut-il pas réparer éternellement ce refus, qui se répète pourtant à chaque moment, tant il est d'usage d'aimer les idoles plus que les études ? Alors les hommes se rassemblent pour tenter de comprendre la portée de ces Dix Paroles, ou pour faire en sorte que ces commandements deviennent des paroles, c'est-à-dire qu'ils soient vivants, interprétés, discutés et commentés, afin qu'ils ne deviennent pas eux-mêmes des idoles, des veaux d'or, des lois gravées dans le marbre, ou des tables brisées.

Après la nuit d'étude, l'aube vient, et chacun s'en va dans la ville déserte, fatigué, à petits pas, alors que ses habitants dorment encore du sommeil du juste. C'est le printemps et il fait doux, sous une brise fraîche, à traverser les ponts et les avenues sans voiture. Pas un bruit, pas une voiture, juste une poignée d'hommes qui rentrent à la maison dans les premières lueurs du jour. Il est curieux de se sentir alors vraiment « élu », non pas choisi ou supérieur, mais fatigué après cette nuit, et concentré aussi, comme le jour du shabbath, qui doit être respecté selon la parole : tu respecteras le jour du shabbath.

Plus tard à la synagogue, on lisait le « Livre de Ruth », l'histoire d'une femme non juive, qui après la mort de son mari, avait décidé de suivre sa belle-mère Noémie en prononçant ces mots : « Où tu iras, j'irai, là où tu dormiras, je dormirai : ton peuple sera mon peuple, ton Dieu sera mon Dieu. Là où tu mourras, je mourrai ; là, je veux être enterrée. Que l'Éternel agisse ainsi avec moi, et qu'il en rajoute : seule la mort me séparera de toi. » Ainsi nous savons que Chavouoth qui célèbre le don de la loi au peuple est ouverte à celui ou celle qui décide d'y adhérer, à tous ceux qui veulent prendre sur eux cette responsabilité d'accomplir ces lois et en particulier la première, qui s'énonce ainsi : « Je suis l'Éternel ton Dieu qui t'a fait sortir d'Égypte. Tu n'auras point d'autre Dieu que moi. » Mais qui voudrait faire le serment de se détourner des idoles pour veiller tard dans la nuit, et sortir aux premières lueurs de l'aube ?

Chavouoth garde le goût de l'aridité désertique, car traditionnellement on ne mange pas de viande, qui symbolise la violence, alors que d'ordinaire pour les fêtes, il est recommandé de bien se nourrir. Ainsi Chavouoth fait-il pâle figure aux côtés des autres fêtes qui sont bien souvent des festivals gastronomiques. Mais pour moi qui suis végétarienne, Chavouoth a toujours été le meilleur festin. Celui de la traditionnelle tarte aux fromages, car le mont Sinaï est ainsi désigné selon la tradition : le « mont des fromages ». Sans violence, car il est écrit dans ces Dix Paroles : « tu ne tueras point ». Quelles sont-elles, ces Dix Paroles dont je parle depuis le début ? En relisant ce texte, le lecteur saura qu'il les a entendues, et qu'il aura ainsi accompli le commandement essentiel de la fête. Celui de devenir pleinement un homme, grâce aux Paroles et à la Loi.

Voici les mots. Et ainsi vivent les mots. Ces mots qui sont mes amis, et qui surviennent au détour d'une phrase. Que ce soit éveillée ou dans mon sommeil, ils me réveillent en un sursaut, au milieu de la nuit ; soudain je pense à un mot. Et ce mot m'entraîne vers un autre mot, et de mot en mot, je me prends à faire des phrases entières, qui s'enchaînent au point de devenir des paragraphes, et de paragraphe en paragraphe, je forme des chapitres, qui m'entraînent naturellement vers l'écriture d'un livre. Un livre né d'un mot.

Parfois les mots me trouvent, s'imposent comme par une évidence, sans doute et sans surprise, ils sont là bien posés et sûrs d'eux. Ils s'autonomisent et se répondent, dialoguent entre eux. Parfois ils me surprennent, ils m'échappent. Parfois ils dépassent mes pensées, et font plus de mal que de bien, indépendamment de ma volonté. Souvent ils glissent, et se ruent l'un derrière l'autre. Ou alors ils mettent longtemps à venir, le silence s'éternise. Et certains jours, je les cherche, je les ai sur le bout de la langue. Quand ils ne viennent pas, je donne ma langue au chat. Ce gros chat des voisins qui vient fureter sur mon balcon, comme pour prétendre être sur son territoire, et qui me fait penser à l'abécédaire de Gilles Deleuze : certains mots commencent avec la lettre A. Comme Amour. Et ce mot dit je t'aime. Comme Animal. Noé les avaient nommés espèce par espèce, et ces animaux sauvés par l'arche, je les appelle les *animots*.

Le philosophe qui pensait que domestiques, les chats et les chiens nous domestiquaient, les distingue par la notion de *territoire*. Et il forge ce mot incroyable, celui de *déterritorialisation*, qui définit l'homme dans son rapport au langage, en exil sur sa propre terre, car les mots nous entraînent hors de nous-mêmes, vers d'autres contrées que nous n'aurions pas soupçonnées, hors de notre être vers l'ailleurs : ils nous sortent de notre condition et nous font traverser des frontières. Le temps et l'espace n'existent pas avec les mots. Ils nous transportent n'importe où, n'importe quand. Ils nous font faire n'importe quoi. Par un mot, on se marie. Par deux ou trois, on divorce. Et parfois les mots s'enfuient. Ils ne veulent pas se laisser attraper. Je ne peux pas les tordre dans tous les sens. Ils sont là à me cadrer, à me dire ce que je peux faire et ne pas faire. En sept paroles, Dieu a créé le monde, l'eau, la terre, la lumière, le jour, la nuit et finalement, l'homme, à son image : un démiurge qui crée le monde par des mots. C'est ainsi que l'homme ressemble à Dieu. Quand j'y pense, j'en bafouille, j'en bégaye, le vertige me saisit devant l'infini des possibles, j'en perds mes mots, et je me dis que cela n'a pas de sens puisque toute pensée passe par les mots, donc dire l'inexprimable n'est pas pensable, et pourtant, je ne trouve pas les mots pour dire ma pensée. Comme le dit Wittgenstein, le philosophe des mots, « ce dont on ne peut parler, il faut le taire ». Cette pensée parmi les plus profondes limite celle-ci aux frontières que les mots nous tracent. Les mots ne sont pas les démiurges, mais l'horizon du monde dont ils tracent les contours. Il y a ceux que l'on dit, et ceux que l'on ne dit pas. Il y a ceux qui touchent et ceux qui abattent. Tous ces mots qui finissent en *-asse*. Certains sont des personnages. Soudain ils apparaissent, et colonisent le langage. Et ce *tu* qui tue. Tu es folle. Tu es horrible. Tu es un monstre. Ce *je* qui est un jeu entre soi et soi. Ce *je* qui est un autre. Cet autre qui est un jeu. Ce jeu de mots qui n'en finit pas, du début à la fin de la vie, car la mort, qu'aucun vivant n'a jamais expérimentée, n'est finalement qu'un mot. Et « Dieu » que personne n'a jamais vu, est-il réductible à ce mot ?

Il y a des mots vieux et des mots jeunes. Ses premiers mots, lorsqu'il avait un an, et qu'il disait déjà « encore », ses premières lectures, lorsqu'il faisait du mot-à-mot et qu'il disait encore « déjà ? ». Il balbutiait. Il ânonnait. Il s'adonnait au langage, son jouet, son hochet, son animal domestiqué par sa voix. Il soupesait le monde de ses mots et jubilait de voir apparaître ce qu'il désirait, par un mot magique. Il apprenait à dire *merci*. Et maintenant, l'enfant a grandi et son langage s'est enrichi de mots inconnus au bataillon, soldats de ses rébellions. Il a appris à dire *non*. Il dit, « balek », il dit « la miff », il dit « la shlag ». Il joue une nouvelle partition. Les mots nous accompagnent ; ils nous mûrissent et nous grandissent. Les mots circulent et rassemblent, ils sont des ponts entre les pays. Les mots sont notre patrie : les mots vivent.

J'aime lire les mots des autres écrivains. Particulièrement ceux de la dernière page d'un livre.

Toujours je suis happée par une phrase, une image, une évocation du quotidien, je m'en inspire, je m'en illumine, je m'en nourris ; un jour, happée par ses images, j'ai voulu en savoir plus sur un poète. J'ai glané quelques informations sur Wikipédia : « Emmanuel Godo, né en 1965 à Chaumont-en-Vexin (Oise), est un poète, écrivain et essayiste français. Critique, auteur d'essais littéraires, il s'est spécialisé dans les rapports entre la littérature et l'expérience intérieure, en particulier la spiritualité. Son travail critique se place sous le signe de Maurice Blanchot et de Georges Bataille. » Sur le site d'Emmanuel Godo, il est écrit qu'il vaut mieux s'intéresser aux œuvres d'un écrivain qu'à sa vie pour le connaître. De Bataille il dit ceci : « Parler d'expérience intérieure, c'est référer à la pensée de Georges Bataille qui la définit d'une manière qui m'a toujours exalté comme mue par la nécessité de mettre tout en cause ou en question sans repos admissible. » Et de Maurice Blanchot, il affirme : « D'un texte aussi bien défendu, loin de s'écarter, il mit toute sa force à vouloir se saisir, refusant obstinément de retirer son regard, croyant être encore un lecteur profond, quand déjà les mots s'emparaient de lui et commençaient de le lire. » En effet, dans le texte poétique nous ne lisons pas les mots, ce sont les mots qui nous lisent.

Lorsque j'ai lu le titre d'un de ses textes intitulé « Israël », paru dans le journal *La Croix*, mon cœur a sursauté, pris de peur. C'est le cas à chaque fois que je lis ce nom dans les journaux, que je le trouve gravé sur les murs, ou que je le trouve sur toutes les lèvres. Je n'attendais pas le poète sur l'événement. Et il nous l'a servi, avec ses mots à lui. Ces mots qui nous lisent. Et ce fut une joie, d'être ainsi lue. D'être pansée et pensée, consolée et émerveillée, d'être lue dans ce que l'on n'ose dire. Avec cette radicalité, qui se défie et se méfie des « oui, mais ». Et ne fait nulle allégeance à la non-pensée de la neutralité et de la médiation dans ces temps sauvages de haine barbare, brutale, de ces mots qui tuent, lorsqu'ils volent les viols, les massacres, la monstruosité face à laquelle « le Coq devient chapon ». Ce chapon déjà cuit qui vocalise les « oui, mais ».

Depuis le 7 octobre, je ne trouvais pas les mots. J'écrivais, je réécrivais. Mais même écrire avait perdu son sens. Et l'art s'épuisait sur ce réel impossible. Et l'on se traînait entre des activités utiles et des bonheurs fugaces, enfants de l'oubli. Ce qui se passe ne montrait plus de sens dans le langage courant et je n'étais plus lisible par les mots. Je me disais, comment est-ce possible ? Je me questionnais : comment vivre, après ? Le scénariste Ron Leshem l'a écrit : « je ne me permettrai jamais de m'en remettre ». Et cette guerre de civilisation ressemble à une victoire de la barbarie et du néant. Si la parole est indicible, si le silence n'est pas neutre, mais une perpétration, comment parler et comment ne pas parler ? Seule vérité : la parole du poète répond à ces questions insondables, elle ne se dérobe ni ne s'enferme dans sa tour d'ivoire, ni ne s'enterre dans une humanité de pacotille, de ces vaines paroles qui, comme le dit Yves Bonnefoy, « Allant comme si la nuit n'existait pas ». Emmanuel Godo proclame :

> Ne laissez jamais la poésie
> N'être qu'une image ou un mot
> Regardez-la toujours
> Se dessiner à l'horizon comme une aurore
> Sur le désert qu'elle va fertiliser

Au cœur du désert, en disant « Israël », tout simplement, mais dans une émotion infinie, le poète est devenu prophète, afin de nous rendre « le sol de notre dignité », ce lieu humain qu'est celui de « l'extrême douleur ».

Son projet n'est pas autre : « Toute mon œuvre littéraire est centrée sur l'idée que la société dans laquelle nous vivons œuvre à nous déposséder de nos vies intérieures. » Alors, je dirais ceci : Emmanuel Godo a deux fois le nom de Dieu dans son nom. Une fois avec lui, une fois pour les autres. *Emmanuel* en hébreu signifie « Dieu est avec nous ». Et *God*, le nom de Dieu universalisé par l'anglais, parachève ce souhait et l'exauce. Impitoyable Emmanuel, radical, inaltérable d'amour et d'intelligence, clairvoyant dans son éloquence pure, qui est tout sauf rhétorique : de la poésie donc, qui jamais ne se détourne ni ne se plie devant « la tragédie du monde ».

Hic est locus patriae : loin de la société où « l'homme fait la guerre à l'idée d'homme », ici est le lieu de la véritable patrie que sont les mots, les mots d'Emmanuel Godo.

Quiconque réfléchit à la notion de transmission en vient, me semble-t-il, à distinguer la transmission verticale de la transmission horizontale.

Selon le récit de la Haggada, il y a quatre types d'enfants : le premier, « le sage », interroge : « Quels sont les témoignages, les lois et les préceptes que l'Éternel notre Dieu vous a prescrits ? » C'est un questionnement qui vient de l'intérieur. Le deuxième, « le méchant », demande : « Quelles sont ces lois que vous observez ? » : il se place en dehors de la communauté. Le troisième, « le simple », s'étonne : « Qu'est-ce que ceci ? », car il est ignorant de tout. Enfin, le dernier, « celui qui ne sait pas poser la question » vient rompre la chaîne de la transmission : il ne comprend pas la pertinence des questions, insensible à ce qui se passe autour de lui. Que faire et comment agir avec ce dernier enfant ? La réponse de la Haggadah est la suivante : « Toi, prends les devants, en racontant : "C'est dans ce dessein que Dieu a agi en ma faveur quand je sortis d'Égypte". » La Haggadah ordonne aux parents d'éduquer leur enfant de façon active, en leur racontant une histoire. *Haggadah* signifie « récit », sa racine radicale signifie « raconter ». Par l'art, Alain Kleinmann raconte l'intransmissible. Quelque chose de profondément humain s'y joue, qui possède une âme : une représentation spirituelle de la mémoire. En cela, j'y vois le souffle d'un projet essentiellement juif, celui des rabbins transmetteurs issus de la tradition, qui enseignaient dans tous les pays, à toutes les époques. Ces maîtres se sont attachés à leurs élèves et ils ont noué avec eux un lien unique. Par leur enseignement, ils ont transmis la flamme de la Torah aux générations futures, ils ont porté la parole loin de chez eux. Telle fut leur existence, happée par la transmission. Parfois au péril de leur vie, ils s'en allaient sur les routes, avec la Torah pour seul viatique, et ils enseignaient. Le centre de leur vie, son sens, c'était l'enseignement. Ils poursuivaient en secret un but messianique : celui de réparer le monde, à travers les paroles des sages, de génération en génération, selon l'expression consacrée.

Aujourd'hui, cette transmission verticale a été remplacée, ou du moins concurrencée, par une transmission horizontale, que l'on appelle aussi « virale ». On lit de moins en moins, mais, portable en main, on *scrolle* de plus en plus. Le savoir devient *data*, et nos relations deviennent virtuelles.

Cette transmission s'effectue de manière horizontale, dans le sens où les gens captent un flux transversal, de tout ce qui arrive à l'instant *t*. Qu'est-ce qui reste de cette transmission ? Pas grand-chose : elle est aussitôt remplacée par une autre salve. La transmission horizontale ne peut se passer de la transmission verticale, celle de la représentation du passé à travers l'art et à travers la parole vivante.

Il y a quelques années, j'ai reçu un poème envoyé par la mère d'une jeune femme. Ce texte est poignant, je le garde toujours près de moi.

> Pourquoi lire ?
> Parce qu'on est vivant.
> Parce qu'on a peur, pour avoir peur.
> On lit pour se trouver et pour se perdre…

Son poème me touche, indéfiniment. Je viens d'une famille d'universitaires. Chez moi, les livres sont partout. Les murs, les tables, les placards en sont recouverts. Comme chez mes parents, où l'on trouve des montagnes de livres, de l'appartement jusqu'à la cave.

Enfants, nous vivions dans un appartement tapissé de livres. Notre occupation favorite était la lecture. Après les repas, chacun disparaissait dans sa chambre pour se plonger dans l'œuvre qu'il avait commencée. De temps en temps, il fallait bien sortir. Travailler, aller à l'école, faire des courses, se ravitailler, voir des amis. Quand nous partions en vacances, nous chargions la voiture de valises innombrables et très lourdes, et transportions notre fardeau vers les lieux de nos villégiatures. Nous promenions nos livres à la plage, dans les villes, dans les appartements que mes parents louaient, en Espagne, au Maroc où ils sont nés, et jusqu'en Amérique où vivait une partie de la famille. Les livres, chez nous, voyageaient avec nous. Jusqu'à aujourd'hui. Tous les jours, ma mère en commande ou en achète chez son libraire Samuel, qu'elle adore. Elle nous parle de lui, de ses conseils et de ses idées. Souvent elle m'apporte des livres. Moi aussi. Désormais, je n'offre plus que des livres. Des livres et des fleurs. *What else?*

C'est ainsi, en tombant sur les livres de la bibliothèque de mon père, que j'ai découvert les manuscrits de la mer Morte, sujet de mon premier roman *Qumran*. Lors de mes années d'études, à la bibliothèque, j'allais lire et emprunter les ouvrages que je convoitais, dans cette ambiance rassérénante. Tout le monde travaillait, avec concentration, à livre ouvert. Un temple du savoir, habité de mathématiciens, physiciens, biologistes, linguistes, philosophes, historiens, littéraires, médecins, juristes. Tous étaient réunis pour étudier, la tête penchée sur la table, illuminée par les lampes de notaire vertes. Une expérience unique où l'on pouvait partager un rapport vrai avec la culture, aux antipodes de toute pédanterie, dans une recherche de la vérité. De l'esprit libre, critique, autonome et la volonté de réussir ses examens, ses concours, ses épreuves. Pour moi, l'objet-livre était sacré. Il l'est encore. J'aime découvrir son univers, me plonger dans le monde d'un auteur. D'un autre. Presque une anagramme. Un livre, c'est l'inverse d'un algorithme. C'est une découverte, pas une orientation préméditée par les goûts. Un livre, c'est une aventure. C'est une rencontre. C'est une promesse. C'est un souvenir. Je ne peux pas le jeter, même s'il est inintéressant. Dans la tradition juive, on enterre les livres usés dans des cimetières. Parfois j'imagine le monde de demain : un immense cimetière de livres ? Tous enfouis, parqués dans des bibliothèques devenues musées de livres dans des villes-musées. Que sera le monde, sans livre ?

Pourquoi lire ? Pour vivre la vie plus intensément. Pour tomber amoureux. Pour devenir adulte. Pour revivre son enfance. Pour s'imaginer grand. Pour se rappeler ce qu'on avait oublié. Pour rencontrer des gens d'une autre époque, qui n'ont rien à voir avec nous, et qui ont tout à voir avec nous, dans un dialogue à travers l'espace et le temps. Pour s'éveiller. Pour s'émerveiller. Le livre ouvre les esprits à une forme de contestation. Il offre une multiplicité de points de vue. Une recherche qui rend plus intelligent. Pour oublier le monde devenu trop angoissant, trop violent, trop incompréhensible. Pour comprendre. Pour rationaliser. Pour ne pas haïr. Pour ne plus être seul. Et aussi, pour être seul. Parfois il déçoit, parfois il séduit, parfois, c'est juste pour un instant, parfois c'est pour la vie. Lire pour donner un sens. Lire pour ne pas se suicider intellectuellement, spirituellement, civilement, politiquement.

Je crois que nos vies sont en train de se vider de leur sens. Avec le discrédit jeté sur les religieux et sur les politiques, nous n'avons plus de guide, plus de norme, ni de loi habilitée à nous dire ce qu'il faut faire ou ne pas faire. Plus que la foi en Dieu, c'est la foi en l'homme que nous avons perdue, depuis que notre monde est envahi par la technique qui nous chosifie et nous asservit dans une forme de servitude heureuse, que décrit La Boétie dans son *Discours sur la servitude volontaire*, et nous voyons des horreurs se produire sous nos yeux.

Lire, donc, pour retrouver le sens. Lire pour survivre.

J'ai toujours aimé les bouquinistes. Sur les quais de Paris, ce sont de grands placards horizontaux, de ce beau vert des bancs et des chaises, soutenu et laqué, éclatant et lumineux, sous le soleil d'été, la pluie d'automne, les bruines d'hiver et au printemps, lorsque les arbres bourgeonnent à nouveau. Les bouquinistes sont assis près de leur boutique flottante, à lire, à attendre, à rêver. Ils proposent des affiches parisiennes, des tableaux, et toute une variété d'objets. Et ils vendent des livres anciens, des vieux grimoires, précieux ou pas, des pépites aux titres improbables, parfois. Les livres entassés ou bien rangés me donnent l'impression d'être l'exploratrice d'une planète inconnue, une archéologue à la recherche d'un trésor. En flânant, grâce à ces drôles de boutiques d'un temps ancien, j'ai découvert des merveilles incongrues, tout autant que des classiques. *La folie du jour*, *Le Ressassement éternel* : des livres de Maurice Blanchot. *Lettre à René Char* sur les incompatibilités de l'écrivain, Georges Bataille. *Jadis et naguère*, *Parallèlement* : des recueils de Verlaine. Et puis des inconnus, des méconnus, des petites curiosités parfois qui me plaisent et m'intriguent. Des exemplaires de la revue *L'Éphémère*. Et *Les mégères de la mer* de Louis-René des Forêts. *Ma vie sans moi* d'Armand Robin. Beaucoup de poésie. Un peu de tout. Une profusion d'affiches avec Audrey Hepburn, dont celle, sublime, de *Breakfast at Tiffany*, où elle est plantée avec un gobelet en papier devant la célèbre boutique de joaillerie. Des tableaux de Paris, aussi, qui ressemblent inévitablement à des Monet, à des chansons d'Yves Montand, de Charles Trenet et de Jacques Dutronc : c'est le Paris de cartes postales, romantique et intellectuel, doux et rêveur ; c'est le Paris qu'on aimerait garder toujours dans son cœur, qui résiste à la modernité, qui charme, qui envoûte par son passéisme ; c'est le Paris suranné des films d'antan. Avant qu'il ne soit rénové par mille travaux, dévasté par les magasins mondialisés, hérissé par les embouteillages aggravés par ces mêmes travaux, et envahi d'enseignes et de marques, c'est le Paris qui résiste. Les boutiques en plein air des bouquinistes sont des lieux uniques, chargés d'Histoire et de souvenirs, qui ne se trouvent nulle part ailleurs. Chacune l'est, et chaque objet l'est, et le vent qui y règne l'est aussi, tout comme les arbres qui bruissent au printemps. Tous se ressemblent et aucun n'est semblable.

Les bouquinistes sont les passeurs. Grâce à eux, les artistes d'hier et d'aujourd'hui se promènent sur les quais, et se rencontrent. Ils promettent de passer en beauté d'une rive à l'autre, des grandes avenues droites du VIIIe aux rues médiévales du Ve, des places populaires de la Bastille, de la République, de la Nation aux quartiers bourgeois, et traverser les rives, c'est accomplir un voyage, dans lequel ils nous accompagnent. Les bouquinistes inscrivent la transmission mémorielle de la ville dans une géographie : celle des méandres de la Seine. De ces choses, de ces souvenirs, et ces lieux qui marquent l'époque et évoluent pas à pas tout en restant les mêmes, comme les décrit si bien Georges Perec – un autre chouchou des bouquinistes – ils sont les plus fiables, par définition : ils ne vendent que de l'ancien, de l'usé, du lu, du racheté, du vintage. Il n'y a pas de rentrée littéraire, de saison, de best-seller ou de prix ; il n'y a que des livres bizarres sur des sujets divers, hors du temps, hors de l'espace, hors du monde parfois, comme en témoigne ce « Très-haut », Maurice Blanchot, aperçu sur une devanture.

Les bouquinistes nous offrent le luxe d'acheter des livres qu'on avait oubliés, et dont chacun est enveloppé soigneusement dans un papier transparent à l'ancienne, comme un précieux présent. À les regarder de près, chacun a sa spécialité : qui de l'Histoire, qui de la philosophie, qui de la poésie, qui de la critique littéraire, qui des livres d'arts ou des romans. À les regarder de loin, ils se ressemblent tous, devant leurs étalages de bois peints. Ils sont les résistants, les veilleurs, les vestiges vivants, les piliers fragiles qui nous tiennent encore debout, qui nous animent et révèlent nos âmes romantiques, notre désir d'amour, notre envie de nous promener le long d'une rive bordée de livres, pour l'éternité. Devant la Seine et ses bateaux-mouches, entre les rues qui montent et celles qui descendent, pour les soirées d'été où l'on déambule, et pour les petits matins où ils sont fermés et cadenassés afin de protéger leurs précieuses marchandises, les bouquinistes forment les paysages de Paris avec les amoureux qui s'embrassent sur les rives de la Seine : une rêverie qui nous saisit et nous fait traverser la vie. Mille fois mes pas m'ont guidée vers eux, même inconsciemment, à tout moment. J'y emmène mes enfants, je leur offre un livre ou une affiche, comme un objet sacré, un vrai trésor.

« Lève-toi, porte l'enfant, tiens-le d'une main forte[12]. » N'a-t-il pas été porté pendant neuf mois ? Penses-tu le laisser dans ce lit que l'on appelle un *moïse*, seul à pleurer, en dérive sur le fleuve nouveau de sa vie – cette vie qui lui échappe déjà et dont il ne maîtrise rien alors qu'il est tellement dépendant de toi pour manger, pour se laver, pour parler, pour survivre dans ce monde hostile et compliqué ? Continue de l'entourer de tes bras et de ta chaleur ; à chaque plainte écoute-le, car il s'exprime d'une larme et d'un regard ; nourris-le, berce-le, sèche ses yeux remplis de détresse et de stupeur ; porte-le dans une nacelle à ceinture comme les Norvégiens, dans une écharpe sur ton dos ou sur ton ventre, et jusqu'à ce qu'il fasse ses premiers pas, telles les femmes africaines, quoi que tu fasses, où que tu ailles, prolonge son bonheur d'être dans tes bras, au rythme de tes pas, et même quand tu fais tes courses, et même quand tu travailles, et même quand tu dors.

12. Genèse, 21,18.

Lève-toi de ton lit que l'on dit *nuptial* et même la nuit quand il pleure, quand il veut jouer, quand il a faim, quand il veut être changé, quand il cherche ton odeur. Tiens-le d'une main forte pour lui apprendre à s'élancer, donne-lui confiance dans ses capacités, tends les bras quand il avance vers toi, en vacillant, un sourire sur les lèvres et craintif. Cet enfant qui se lève, c'est pour toi qu'il le fait. Alors lève-toi pour le conduire à la crèche, à l'école maternelle, à l'école primaire, et pour le chercher à 16 heures – car il attend ce moment avec joie. Lève-toi pour l'emmener au parc, à la piscine, à la danse, au judo, au football, aux anniversaires, aux fêtes de famille, chez ses grands-parents, chez ses amis, chez ses cousins, au musée, et dans les lieux où tu pries. Tiens-le d'une main forte quand il grandit, alors que de l'autre déjà si jeune, il tient son portable et regarde des vidéos, emprisonné et captif; retiens son attention pour qu'il s'évade et qu'il découvre le monde; ne le laisse pas seul dans son enfer numérique, au sein d'un univers virtuel qui n'a plus rien de charnel; tiens-le d'une main forte sans tenir ton portable afin que tu ne lui donnes point cet exemple de faire autre chose quand il te parle, quand il mange avec toi, quand il marche, quand il ne fait rien, quand il s'ennuie; viens le chercher et emmène-le découvrir la ville, fais-le voyager et apprends-lui ce qui va devenir une passion, ce qui va se révéler être un métier, ce qui va le faire évoluer vers ce qu'il est – cet adulte que tu formes à travers tes idées, et ton attention.

Tiens-le quand il grandit d'un coup, que sa voix mue, que son corps se développe et qu'il ne veut plus de toi, qu'il te rejette et qu'il te maudit, et qu'il ne souhaite plus tenir ta main, car il a honte, et qu'il se cherche en s'opposant, avec ses colères blessantes pour toi qui l'as porté et soutenu, qui t'es levée, qui l'a tenu d'une main forte. Retiens-le encore un peu quand il s'en va et qu'il laisse sa chambre vide, te transformant en fantôme, en ombre, en oubli.

Cette main, c'est ce lien, ce socle, ces valeurs que tu lui as transmises depuis qu'il est né, quand tu le portais et que tu l'emmenais avec toi, quand tu le tenais par la main. Mais quand il revient, relève-toi. Et quand il te parle, écoute-le : c'est pour t'annoncer une grande nouvelle, pour que tu l'accompagnes à l'autel, que tu lui prennes la main pour la dernière fois avant qu'il ne demande celle de l'autre, pour commencer un chemin qu'il trace dans les pas du tien, l'enfant prodigue à l'enfance prodige.

Et quand il t'amène son enfant endormi dans son lit qu'on appelle *moïse*, et que tu le regardes, cet enfant de ton enfant, tu peux dire à ton tour : lève-toi, porte l'enfant, tiens-le d'une main forte. Et quand tes cheveux blanchissent et que tes rides se creusent autour de tes yeux, quand ta vue baisse et que ton ouïe s'amenuise, quand tes pas se restreignent et que ta volonté flanche, que ta bouche est sèche, que tu perds le fil de tes phrases, et que tu ne comprends plus son langage, quand tu veux te coucher dans ton lit, fatigué de tous tes maux et de ton âge, alors, ce sera lui qui se lèvera, te portera dans ses bras, et te tiendra d'une main forte pour que tu ne tombes pas, car tu seras devenu l'enfant de ton enfant. Et toi tu lui souriras, car tu sauras que depuis sa genèse, le monde repose sur ces mots que tu lui murmures encore tout bas : « lève-toi, porte l'enfant, tiens-le d'une main forte ».

Pars, Abraham ! Enfuis-toi. Déploie tes ailes et sors de chez toi.

Si ta société est remplie d'idoles, si après les avoir cassées tu t'enlises. Pars ! Si tu veux apprendre, et si tu as besoin de désapprendre, si tu veux découvrir la vérité, ou si justement tu veux comprendre l'absence de vérité, si tu as besoin d'une autre vision du monde que celle qui te ramène aux statues figées dans la pierre, si tu en as marre d'entendre leurs mensonges, échafaudés un à un comme les temples qui leur sont dédiés, les ziggourats du néant, les bâtiments de l'imposture, lève-toi et marche. Éloigne-toi. Prends le large. Prends ton bâton, non pas pour te battre – parfois il est trop tard –, mais pour avancer. Il sera ta troisième jambe ; il sera ton appui, et ton point de chute. Carapate-toi. Prends du recul, prends du temps, prends l'air, prends quelques affaires, ou ne prends rien, mais pars. Ne te leste pas pour te ralentir, n'hésite pas pour changer d'avis, ne t'encombre pas de valises, de sacs, de bagages qui contiennent les affaires que tu as déjà portées, les œuvres que tu connais par cœur.

Pars sans viatique, libre de tous côtés. Pars léger. Pars sans savoir où tu vas. Pars pour savoir qui tu es. Laisse derrière toi ton passé et cet avenir qui t'angoisse, ces souvenirs qui t'empêchent de vivre. Oublie tes préjugés, efface tes certitudes, tes dogmes, ce qu'on t'a appris, ce qu'on te rabâche, ce qui fait que tu pars. Pars de bon cœur, de bonne heure. Pars d'un bon pas, ne te retourne pas ! De crainte d'être changé en statue, toi qui les as brisées. Loin des légions, fais-toi ta propre religion. Cours ! Ne regarde pas derrière toi, tu risquerais de revenir, de rentrer au bercail, de renoncer, de te trouver mille raisons de rester, et retrouver idoles et idolâtres, le magasin de ton père où tu as tout fracassé, le jour de ta colère.

Pars, toi le rebelle, l'homme révolté, le révolutionnaire. Profite de ton élan ravageur pour t'élancer vers d'autres cieux, où les étoiles brilleront, symboles de ta descendance, puisqu'en partant tu réinventes ta destinée. Pars, pour chasser de ton esprit les pensées ravageuses de ta société décadente, ses fausses croyances et ses vrais silences, cette hypocrisie qui te mine, cette politique qui te chagrine, cette folie qui t'entoure, la montée du pire, jusqu'à quand vas-tu la contempler, la supporter, l'admettre, jusqu'où t'incliner plus bas que terre, devant les faux prophètes, ces rois qui ne te protègent plus de rien, ces maisons qui ne t'abritent plus, ces magasins achalandés en idoles de tous noms, de toutes formes, de toutes dimensions.

Quitte ta ville, traverse la Babylonie, monte vers l'Euphrate, descends jusqu'au Nil : ainsi tu auras parcouru les civilisations, tu auras découvert d'autres réalités que la tienne, et tu auras vérifié certains dires par toi-même, tu te seras fait ton itinéraire personnel et tu sauras enfin où tu vas – vers cette terre promise qui se situe la région de Canaan, celle qui borde la mer, qui s'étend sur trois déserts, et qui remonte jusqu'au fleuve. Un long chemin t'attend, la foi seule te guide, et ta volonté de t'échapper de ce pays qui ne te ressemble plus, où tu ne te reconnais plus, pour arriver vers l'endroit où tu pourras t'établir, toi le nomade, toi qui n'as pas de maison, qui vis dans les tentes, qui te nourris de ce que tu trouves au fur et à mesure de tes pérégrinations.

Toi le déraciné, l'homme sans identité, sans pays, sans peuple, tu seras enfin arrivé. Pars vers l'Orient pour ne plus être désorienté. Et si ce départ était plus qu'une fuite, une porte de sortie, une échappée belle ? Pars, pour trouver un sens à ta vie et découvrir que ce sens n'est autre que de rencontrer Dieu ailleurs que dans la pierre.

Pars ! Pars pour toi, pars vers toi. Pour te sauver, arrache-toi ! Force-toi à t'en aller. Prends-toi par la main et avec ceux qui t'aiment, qui te suivent et te respectent. Et guide-toi vers l'ailleurs, l'inconnu, l'incommensurable, que tu perçois derrière les dunes qui t'entourent de toute part. Pars vers l'aventure, aie la force de t'extirper de ton errance, la seule véritable, celle qui saisit ton quotidien, et toutes les habitudes que tu as contractées. Pars ! Pars pour toi. *Pour toi* : c'est le plus difficile lorsque tu t'épanouis dans la générosité et le don, l'hospitalité et l'amour du prochain. Pour toi, le vide, le néant. Même si tu ne sais pas où tu vas, ni ce qui t'attend, ni pourquoi vraiment tu ressens ce besoin d'une nouvelle vie, à cet instant, pars quand tu penses qu'il est vital d'agir, qu'il n'est pas question de rester là – au fond de toi tu sais bien que tu ne te sens vivant qu'en rêvant d'un ailleurs possible, qu'en larguant les amarres, comme ce moment vertigineux où le bateau sort du port pour se jeter dans les flots, guidé par le vent, où la caravane chargée d'eau et de vivres s'élance seule dans le désert aride, cet instant magique et fugace où tu peux ressentir ce qu'est ta liberté, la seule qui te sois possible : celle de partir. Pars, pour être libre.

Parfois je me demande à quoi sert le judaïsme, moi qui ai été élevée dans un judaïsme traditionnel et intelligent. Pourquoi ai-je placé cette foi au centre de ma vie ? Et pourquoi, en ces temps tragiques où il serait si facile de le faire, refusé-je de m'en défaire, de l'abjurer ?

Ayant vécu aux États-Unis lorsque j'étais étudiante, j'ai découvert le monde des *Modern Orthodoxes* : ces Juifs pratiquants et impliqués dans la vie active et dans celle de leur pays. J'ai découvert un judaïsme intellectuel, ouvert à la philosophie, aux sciences humaines et à l'éthique. J'ai aussi séjourné à Jérusalem, où j'ai aimé la foi mystique des synagogues Carlebagh, un judaïsme sensible au cœur, d'une haute portée spirituelle et esthétique, par les chants envoûtants. Lorsque j'étais étudiante, je vivais dans un appartement prêté par un ami, dans le quartier de Yémin Moché, dans cette partie pittoresque de la ville. Souvent je me promenais à Méa Shéarim (le quartier des « cent portes »), fascinée par ce lieu déroutant et à part, où les ultra-orthodoxes vivent avec leurs nombreux enfants. J'y ai fait des rencontres marquantes, comme ce « Baal Téchouva » (celui qui revient à la religion), un ancien chanteur rock qui a tout quitté pour venir étudier. À l'école biblique et archéologique de Jérusalem, j'ai étudié les rouleaux de la mer Morte. Ces rouleaux, écrits par les Esséniens dans le désert de Judée, apportent des révélations sur Jésus et sur l'histoire du judaïsme et du christianisme. Aujourd'hui, je me réfugie à Mishkenot Shéananim, littéralement le « temple des repos ». Repos de l'âme et du corps, indissociable, dans un monde où tout va trop vite, où tout s'accélère, où notre vie nous échappe.

Ma mère, Janine Abécassis, m'a donné le goût d'apprendre et de comprendre, et m'a transmis un judaïsme rempli de gaieté, de délicieux plats et de fêtes familiales et communautaires. Mon père, Armand Abécassis, m'a initiée au judaïsme par l'ouverture d'esprit et l'intelligence du texte, qu'il interprète par ce que Paul Ricœur appelle « le conflit des interprétations », qui ouvre le texte aux sciences humaines et à la philosophie. Toute sa vie, mon père s'est consacré à l'enseignement. Écrivain, philosophe, talmudiste, il a toujours cherché à partager son savoir autant que ses questions. À ses élèves, adultes ou enfants, autant qu'à ses petits-enfants. Car pour lui, l'homme de la foi juive est l'homme du doute parce qu'il est l'être en question. Le doute ne doit jamais quitter la foi : nous ne possédons plus que les textes qu'il faut interpréter sans pouvoir jamais, pense-t-il, en dire le sens absolu. Nous avons perdu le Temple de Jérusalem et nous l'avons remplacé par un « Temple en papier », selon la belle formule d'Alexandre Adler. Quand on dit que l'homme a été créé à l'image de Dieu, cela signifie qu'il n'est pas Lui : être à l'image de l'absolu, c'est accepter qu'on n'est pas absolu.

Aujourd'hui, je trouve un sens nouveau au judaïsme, car je crois que nos vies sont en train de se vider de leur humanité. Les mutations technologiques actuelles entraînent une mutation anthropologique, une révolution des mœurs, des comportements, et du quotidien, et un vrai changement de civilisation, auquel nous assistons, et particulièrement ma génération qui est née sans portable et qui est aujourd'hui incapable de s'en passer. Notre nouveau gourou s'appelle Google. Une époque passionnante, bien sûr, mais à condition de savoir vers quoi nous voulons aller : vers un monde tel que le dessine le transhumanisme, à partir d'un changement de paradigme et de la fin programmée de l'Homme tel que nous le connaissons ? Ou bien voulons-nous sauver notre humanité ? C'est à nous de le décider. Il est encore temps.

Avec le discrédit jeté sur les religieux et sur les politiques, nous n'avons plus aucun guide, ni aucune norme ou loi habilitée à nous dire ce qu'il faut faire ou ne pas faire. Nous sommes perdus. Cette perdition, ce n'est pas la perte de notre foi en Dieu ; c'est surtout la foi en l'homme que nous avons perdue, depuis que notre monde est envahi par la technique qui nous chosifie et nous asservit. Lorsqu'il n'y a plus ni foi ni loi, c'est la loi du marché qui prime. Avec tous les bienfaits que nous apporte la technologie, nos vies se sont remplies et accélérées, avec une hyperconsommation et une hypercommunication, dans un monde où il est désormais admis pour tous que ce sont nous les produits. Car à chaque clic, c'est nous que nous vendons (nos données, nos goûts, nos vies). Tous les jours nous vendons nos âmes au diable, sans état d'âme. Avec le *techno-capitalisme* mondialisé, il semble désormais que tout s'achète et tout se vende – même les enfants, et même les sentiments, comme le montre la sociologue Eva Illouz, dans l'analyse qu'elle donne de l'amour qui est aussi devenu un marché.

Sans doute est-ce pour cela qu'il me paraît plus que jamais nécessaire de me nourrir des valeurs juives. Le spirituel et le symbolique aident à retrouver des valeurs et des repères, dans un monde où ils disparaissent. Face à la technologie, il est urgent de retrouver son être – sans bien sûr céder à la pente du fanatisme. Certains égarés, perdus ou abandonnés, se tournent vers le fanatisme, quelles qu'en soient les formes : spirituelles, politiques, parfois même culturelles. Je trouve dans le judaïsme une quête de sens sans dogme, une envie de croire qui répond à un besoin de sortir du marasme existentiel et de l'individualisme qui caractérisent notre époque.

Cela passe forcément par le fait de réintroduire du sacré dans sa vie. Pas forcément par rapport à la religion. Ce peut être des moments sacrés. Le repas, par exemple, ce moment sacré où l'on se retrouve face à l'autre, hors du temps. Lorsqu'on est à table, on pose le regard sur l'autre. Pas sur son portable. La conversation, à bâtons rompus. La prière, simplement pour sortir du temps et penser à l'absolu. Sacraliser et ritualiser : ce sont deux piliers du judaïsme religieux que chacun peut transposer dans le quotidien, et le rapport humain. Les rituels, quels qu'ils soient, nous font entrer dans un autre espace-temps et nous permettent de retrouver notre humanité. Ainsi nous pourrons reprendre le contrôle sur nos vies et sauver nos âmes. Comme le dit le Deutéronome, 30 : « J'ai mis devant toi la vie et la mort, la bénédiction et la malédiction. Choisis la vie, afin que tu vives, toi et ta postérité. » Le judaïsme me permet de choisir la vie, une vie pleine de sens.

À présent que tu as grandi, que tu as quitté la maison et t'élances dans la vie, voici quelques conseils maternels. Je te les livre sans prétention, au fil de la pensée et comme ils me viennent à l'esprit. J'espère qu'ils t'aideront à affronter ce monde qui se révèle – si ce n'est de plus en plus complexe – du moins de plus en plus compliqué, et parfois cruel et violent.

Toi qui as choisi le droit pour faire tes études, sache que le droit chemin est parfois sinueux. Mais efforce-toi de rester toujours droite. La droiture morale est la seule arme pour ne pas être manipulée, pour ne pas être manipulable. Puisque tu privilégies la justice, sois juste envers les autres : ceux qui t'entourent et ceux qui viendront te voir dans ta profession, bien sûr ; mais sois aussi honnête envers toi. Rends-toi justice à toi-même : connais ta valeur. C'est parfois le plus difficile : ne te méprends pas sur tes capacités, ne te pose pas de limites, ne te galvaude pas – toi qui es capable du meilleur. Tu peux tout faire, tout avoir, tout savoir, tout connaître. Poursuis tes études dans les meilleures universités. Apprends tout ce que tu peux le temps de ta vie d'étudiante, car tu n'auras plus jamais l'occasion de te cultiver autant et d'approfondir tes connaissances. Suis ton chemin de brillance, où tu as montré déjà tant d'intelligence. Empile les diplômes. Pas pour les collectionner, non, mais pour te rendre meilleure. Sois toujours exigeante envers toi-même.

Ne laisse croire à personne que, parce que tu es une fille, tu ne peux pas arriver au sommet. Et ne permets pas à ce monde mercantile de s'emparer de ta mentalité. Reste toujours en quête de savoir, de beauté, de vérité.

Je sais que le divorce de tes parents, alors que tu étais encore une enfant, et cette vie erratique de garde que l'on appelle partagée, t'a littéralement partagée en deux. Toi qui disais, quand tu étais petite, « l'amour est mort », ne parle pas pour toi. Ne cesse jamais d'être amoureuse, ni de croire aux sentiments. Même si tu te brûles les ailes, envole-toi et ne pose pas les pieds sur terre. Certes, tes parents ne formaient pas la meilleure équipe, mais elle a donné toi – et pour toi, cela valait la peine, même si la peine était grande. Et si je ne regrette rien, c'est parce que tu es là.

La justice et le bien sont tes idéaux ? Ne transige pas avec la bonté, et sois toujours de bonne volonté, car, comme le dit Kant, seule la bonne volonté est bonne. Celle qui aide les pauvres, celle qui défend les justes causes. Celle qui se consacre à autre chose qu'à l'obsession de gagner sa vie. Comme le disait Jésus : qui veut gagner sa vie la perdra.

J'aimerais que tu saches d'où tu viens, et que tu prennes un soin infini du trésor que tu as reçu en héritage. Ce trésor, c'est ton peuple, ta tradition, ta spiritualité, et la Bible qui nous offre de si beaux passages, tout autant que ses commentaires innombrables. J'aimerais que tu gardes le shabbath et que tu le sanctifies : ce n'est pas le jour du repos, mais celui du réveil de nos âmes. Du moins lorsque nous réussissons ce miracle de poser les portables pour se consacrer à la prière et aux autres. Je te souhaite de prier, car, quand on prie, on se réunit ; et nous ne sommes rien sans notre communauté, qui nous offre une identité et une maison où se réfugier dans les temps de détresse et de désolation.

J'aimerais que tu te soucies des tiens. Tes grands-parents sont comme des monuments qui se remplissent de vie de voir grandir leurs petits-enfants. Tu pourras aussi t'enquérir de nous qui avons tout fait pour que tu sois bien, sans jamais rien attendre en retour. Je t'ai élevée comme une reine, car tu régnais sur mon cœur et sur ma vie, et je me suis efforcée de t'apprendre ceci : respecte ton père et ta mère, cela signifie respecte aussi ta mère, même si nous sommes dans une société patriarcale dont nous essayons de nous sortir tant bien que mal.

Sois féministe, mais sois-le vraiment. Pas juste en le disant. Mais en le montrant dans tes actes, tes actions, tes rebellions, tes prises de position. Cela signifie concrètement : engage-toi, et prends le parti des femmes. Être une femme n'est toujours pas une sinécure. Entre 30 et 40 ans, tout arrive : le mariage, les enfants, la carrière, et parfois le divorce et la violence économique, morale, physique. Après s'être élevée et avoir élevé ses enfants, il faut alors se relever ; et ce n'est pas toujours facile. Il faut beaucoup de courage, d'abnégation et de force. Il faut être unies, pour être fortes.

Sois féminine, et sois-le vraiment. Si tu as une fleur, mets-là au frais, arrose-la, et prends-en soin. Et puisque tu es une fleur, comporte-toi comme telle, et privilégie la délicatesse. Choisis l'élégance, reflet de ton âme. Tu sais t'habiller, tu sais décorer, tu as le goût et le talent de la beauté. Cherche toujours la grâce. Princesse, guerrière, intellectuelle, reste sur le chemin des cimes.

Et tu seras une femme, ma fille.

Notre communauté est née il y a très longtemps. Pas au moment de la sortie d'Égypte, ni à l'époque de Moïse où les Hébreux devinrent un peuple – mais un peu plus tard. C'est vers 500 avant notre ère que le judaïsme est vraiment né, à Jérusalem. Un homme vêtu de blanc, et entouré d'une foule, déchire ses vêtements et son manteau, s'arrache les cheveux et s'écroule en larmes. C'est Ezra, le scribe, issu de la tribu des Lévi.

Après l'exil à Babylone, la situation est devenue catastrophique. Selon la Bible, la déportation des Juifs s'est faite en trois étapes : après la défaite du Royaume de Juda, en 597, après le siège de Jérusalem en 587-586, et enfin en 582 avant J.-C. La déportation s'est ensuite poursuivie jusqu'à la prise de Babylone par les Perses en 538. Avec des centaines de disciples, Ezra obtint alors de la part de Cyrus le droit de revenir sur sa terre. Là, il vit que même les prêtres avaient abandonné toute pratique et toute spiritualité. La ville était à la dérive et le judaïsme était en voie de disparaître.

C'est alors qu'Ezra eut une idée, une idée unique qui sauva le peuple juif de la disparition. Il décide de créer le canon biblique. La Bible. Il rassembla les légendes de la tradition orale et, comme il était scribe, il se mit à les rédiger. À l'époque, les gens n'avaient pas de livres, mais des rouleaux. Et les rouleaux en peau de bête coûtaient très cher : on ne pouvait pas les distribuer les rouleaux à chaque Juif. Ezra eut alors une deuxième idée. Il créa des lieux, dans lesquels le peuple pouvait se réunir pour lire la Torah. Des lieux autres que le Temple. Des lieux accessibles à tous. Et ces maisons d'étude, de rassemblement, de prière, il les appela les *synagogues*.

En fait, Ezra conçut tout simplement la notion de *communauté*. La lecture du Texte permit aux fidèles d'être ensemble. D'ailleurs, seul le fait d'être ensemble permettait de lire le Texte. La communauté, ce n'est donc pas seulement une patrie, une famille ou un groupement ; c'est un sens, qui peut traverser le temps.

La Torah a ainsi pu traverser les époques les plus sombres, et c'est grâce à la communauté qu'elle nous est parvenue. Seule la communauté permet la transmission, qui me semble être le principal enjeu de notre temps. Car aujourd'hui, la communauté est mise à mal : la virtualisation des relations, permise par les nouvelles technologies, ronge les communautés, les défait, les disloque. Refaire communauté est donc un défi majeur. Mais ce sera une communauté humaine, une communauté universelle. Sans cela, nous ne pourrons pas surmonter nos dissensions, nos différences.

Souvent, on me demande pourquoi j'écris : ce n'est pas un métier, m'assure-t-on ; ce n'est pas un gagne-pain. J'ai souvent réfléchi à ce que je pouvais rétorquer à cela.

J'écris, car les paroles s'envolent, les écrits restent. Et par l'écriture, du matin au soir, tout s'éclaire. J'écris pour parcourir le monde : mon monde intérieur et tous les lieux où je désire être, y compris ceux du passé lointain, ceux de l'Antiquité, et ceux qui n'ont jamais existé. L'écriture est pour moi comme un refuge, lorsque tout devient assourdissant et que je ressens comme un trop-plein d'émotion, lorsque le monde est impossible et que je ne peux plus l'envisager sans me désespérer, sans jamais trouver de réponse ni de sens.

J'écris, car la parole blesse, telle une arme tranchante. Car les armes sont trop nombreuses pour ce monde. Car j'y suis trop sensible, trop attachée, trop en résonance pour le supporter. Et les paroles sont vaines, souvent mesquines, parfois mauvaises, inutiles et futiles.

J'écris pour être dans l'essentiel, et éviter de bavarder.

J'écris parce que les mots mettent parfois du temps à arriver. Parce que j'ai l'esprit d'escalier. Et je sais quoi répondre, après. Et aussi parce que je n'ai pas une très bonne mémoire. Mes livres sont le reflet de tout ce que j'oublie.

J'écris parce que j'aurais voulu avoir plus d'enfants. J'adore leur présence et leur innocence ; chaque moment d'enfance est comme une révélation, j'aurais aimé être davantage mère.

J'écris parce que je voudrais rester une enfant. Parce que je n'ai jamais perdu ce sentiment de l'être, lorsque je suis à table et que les adultes parlent de sujets d'adulte, et que je ne me sens pas à ma place.

Et puis aussi j'écris parce que je suis timide. Au moins, quand j'écris, je ne rougis pas, je ne bafouille pas, je me lance, personne ne me regarde ni n'attend rien de moi. Personne ne critique ni ne félicite – et ainsi en écrivant, je retarde le moment où je m'expose. Je suis calme au milieu du silence. Je voudrais faire jaillir une pensée séduisante pour atteindre un vrai bonheur. Et sortir du silence. Je pourrais rester longtemps sans rien dire. Mais lorsque j'écris, tout s'organise, comme par magie, tout arrive à temps. Et ce n'est pas moi qui écris, cela s'écrit à travers moi. Parfois c'est un flot qui coule, je ne peux plus l'arrêter. Il vient d'ailleurs, de souvenirs et de mémoires, de mots qui se bousculent, d'images qui reviennent ou qui s'inventent.

J'écris, parce que je ne sais rien faire d'autre, au fond. Je me sens inadaptée et j'ai un besoin vital de recréer mon monde-refuge.

J'écris pour me retrouver, pour comprendre ce que je suis, dans quel monde je vis. J'écris pour transmettre un peu de ce monde, extérieur et intérieur, que je découvre en rédigeant. Chaque livre est une enquête. Chaque enquête me révèle à moi-même.

J'écris pour rester au lit. C'est le seul endroit où travailler, car dans un lit on rêve, on aime, on dort, et on se meurt. J'écris pour revenir à la vie.

Et puis il y a les livres. Surtout les livres. Des bibliothèques remplissent l'espace de l'écriture. Des romans, des essais, des ouvrages de psychologie qui viennent de ma mère, de philosophie et de pensée juive de mon père, toutes les œuvres des penseurs amassées au fil du temps et qu'il faut caser quelque part, sur les étagères de ma mémoire. Que d'œuvres ! Que de sujets ! Que de voyages, d'exils, de cartons, que de souvenirs emportés de ville en ville, de quartier en quartier, de maison en maison ! Toutes ces pensées, tous ces mots s'accumulent et se reflètent dans le miroir de ma vie, j'écris pour atteindre l'infini. J'écris des romans, et j'invente des histoires, je construis des récits, je rêve et je ratiocine à la fois. J'écris pour transmettre ces histoires. Et d'autres histoires. J'écris pour faire revenir, j'écris pour transmettre la vie.